CAFÉ COM SÓCRATES

CAFÉ COM SÓCRATES

UM MANUAL PARA QUEM QUER APRENDER A FAZER BOAS PERGUNTAS, SE CONECTAR DE VERDADE COM AS PESSOAS E TER CONVERSAS INTELIGENTES

ELKE WISS

Tradução

Vitor Martins

Planeta

Título original em inglês: *How to Know Everything*

Preparação: Ligia Alves
Revisões: Algo Novo Editorial e Gleice Couto
Projeto gráfico e diagramação: Nine Editorial
Capa: André Stefanini
Imagem de capa: Alex Staroseltsev/Shutterstock

DADOS INTERNACIONAIS DE CATALOGAÇÃO NA PUBLICAÇÃO (CIP)
ANGÉLICA ILACQUA CRB-8/7057

Wiss, Elke
Café com Sócrates : um manual para quem quer aprender a fazer boas perguntas, se conectar de verdade com as pessoas e ter conversas inteligentes / Elke Wiss ; tradução de Vitor Martins. - São Paulo : Planeta do Brasil, 2025.
288 p.

ISBN 978-85-422-3806-8
Título original: How to Know Everything

1. Desenvolvimento pessoal 2. Filosofia antiga 3. Filosofia moderna I. Título II. Martins, Vitor

25-3631 CDD 158.1

Índice para catálogo sistemático:
1. Desenvolvimento pessoal

MISTO
Papel | Apoiando o manejo florestal responsável
FSC® C112738
FSC
www.fsc.org

Ao escolher este livro, você está apoiando o manejo responsável das florestas do mundo

2025
Todos os direitos desta edição reservados à
EDITORA PLANETA DO BRASIL LTDA.
Rua Bela Cintra, 986, 4º andar – Consolação
São Paulo – SP – CEP 01415-002
www.planetadelivros.com.br
faleconosco@editoraplaneta.com.br

… que tenha paciência em relação a tudo o que ainda há de insolúvel em seu coração, e que tente amar *as próprias dúvidas* como se fossem aposentos trancados, ou como livros escritos em uma língua estrangeira. Não procure agora pelas respostas que não podem ser dadas, porque ainda não poderia vivê-las. E trata-se aqui de viver tudo. *Viva* agora as dúvidas. Talvez aos poucos, em algum dia distante, vai acabar vivenciando as respostas.

Rainer Maria Rilke, *Cartas a um jovem poeta*[1]

SUMÁRIO

INTRODUÇÃO

"Entre as ideias de fazer o que é certo e fazer o que é errado, há um campo. Te encontro lá."

Rumi, poeta persa sufista e místico[1]

"Vai, faz sua pergunta", disse Sócrates por cima do meu ombro. "Pergunta sim. Você tem todos os motivos para fazer isso."

Pisquei. "Olha, Sócrates", expliquei, "eu sei que você é de uns dois mil e quinhentos anos atrás, então deve ter perdido uma coisinha ou outra, mas hoje em dia isso não é o tipo de coisa que você pode simplesmente chegar e perguntar..."

Isso foi há uns bons anos. Me inscrevi em um curso de Filosofia Prática, minha primeira introdução ao conceito. Eu esperava ganhar algum conhecimento teórico e prático sobre como manter conversas filosóficas e clarear meu jeito de pensar. Sendo escritora e diretora de peças de teatro, também queria ter uma noção mais clara do meu próprio pensamento durante o processo criativo de montar uma performance. Além disso, de maneira mais direta, eu queria ser mais precisa nas perguntas que fazia aos meus atores. Então, lá estava eu tentando compreender o lado prático da filosofia.

No primeiro dia do curso, fizemos uma pausa para o almoço e me peguei dividindo a mesa com cinco colegas de classe: quatro mulheres e um homem. Em pouco tempo, o tópico da conversa se voltou para crianças. O papo rodou a mesa. Você tem filhos? Sim, tenho um filho. E você? Duas filhas, dão um trabalhão! Todos fizeram perguntas complementares: Qual a idade deles? Já estão na escola? Eles já têm iPad?

Era o tipo de papo que eu conhecia muito bem. Eu estava na casa dos vinte e muitos anos, e já tinha participado de um monte de conversas como aquela. Assim que alguém diz “Não, eu não tenho filhos”, o que vem a seguir é um silêncio constrangedor, ou então as perguntas seguem rapidamente para a próxima pessoa. Nunca falhava em me surpreender: pessoas com filhos amam falar sobre ter filhos, mas parece que preferimos manter não contadas as histórias das pessoas sem filhos. Na época eu pensava assim: *peraí, todo mundo tem uma história para contar*. O que nos faz decidir em nome de outra pessoa, sem fazer uma pergunta sequer, que a história *dela* não merece ser ouvida?

Logo chegou minha vez, e, como era de esperar, eu disse que não tinha filhos. Respirei fundo, pronta para falar um pouco mais sobre mim. Na época eu dava muitas aulas de teatro em escolas e estava cheia de histórias incríveis sobre crianças. Histórias que eu ficaria mais do que feliz em compartilhar.

Eu também estava empolgada para ouvir sobre as experiências de outras pessoas, e sobre o que as motivava na vida. E para compartilhar minhas dúvidas sobre ter ou não filhos. Quer dizer, como saber se é isso mesmo que você quer? Parece um passo tão importante. Um momento de definição. Algo sobre o que você realmente precisa pensar. Como tomar uma decisão dessas?

No entanto, antes que eu pudesse abrir a boca, as palavras "e você?" foram direcionadas bruscamente à participante seguinte. Todos mudaram os holofotes para a mulher ao meu lado, que rapidamente começou a falar com entusiasmo sobre sua filha de sete anos. Todos evitaram analiticamente fazer contato visual comigo: parecia que minha história não tinha lugar naquela conversa.

Achei aquilo estranho. Afinal de contas, tínhamos mais ou menos a mesma idade e pelo menos um interesse em comum, dado que todos nos inscrevemos no mesmo curso. Certamente aquela era a oportunidade ideal para discussões mais aprofundadas, em um cenário que não precisava ser conduzido pelos temas e hábitos padrões de uma conversa.

Uma espécie de indignação começou a borbulhar dentro de mim. Por que começar uma conversa sobre crianças para incluir nela apenas alguns poucos escolhidos? Por que alguém determinaria de maneira direta quais histórias são contadas e quais são dispensadas? Por que não deixar cada pessoa decidir por conta própria se tem ou não algo para compartilhar?

Assim que a mulher ao meu lado disse o que tinha a dizer sobre sua garotinha, a pergunta foi lançada para a pessoa seguinte – uma mulher de quarenta e poucos anos, com cachos castanhos volumosos. "Não," disse ela, "não tenho filhos", e instantaneamente o grupo já estava pronto para seguir em frente.

Foi ali que o tempo parou e eu escutei uma voz atrás de mim dizer "Vai, faz sua pergunta". Sócrates lançou um sorriso encorajador para mim. Havia um lampejo de satisfação nos olhos dele ao me observar me contorcendo. "Pergunta sim! Você tem todos os motivos para fazer isso."

Olhei para ele e expliquei que isso não era comum no nosso tempo. "Não posso simplesmente chegar com uma pergunta dessas..."

Sócrates arqueou uma sobrancelha. "Esse é o problema de vocês. Vocês inventaram um código de conduta que rotula algumas perguntas como desconfortáveis e inapropriadas, enquanto outras são positivas e permitidas. Tudo porque acham que precisam poupar os sentimentos das pessoas... que as perguntas precisam ser educadas. Que devem evitar assuntos que sejam reais e talvez até mesmo dolorosos. Quando é isso que os torna tão importantes!"

"Sim, mas..."

"A pergunta que você quer fazer é factual, certo?"

"Bom... sim..."

"Então, como é que uma pergunta sobre um fato pode ser inapropriada?"

"Eu... hum... não sei."

"Exatamente. A pergunta 'Você escolheu não ter filhos?' não é tão diferente de 'Você escolheu não comemorar seu aniversário? Ou não terminar seus estudos? Ou não aceitar aquela promoção?'. O fato de vocês atrelarem emoções dolorosas a esses assuntos em particular, e de criarem uma regra não dita para pisarem em ovos ao redor deles, não tem nada a ver com a pergunta em si. Não é à toa que vocês sentem falta de mais profundidade na vida. Transformaram conversas em um campo minado! Por medo de desencadear uma explosão, vocês mantêm tudo dentro da maior segurança possível. Só que, quando fazem isso, suas conversas se tornam superficiais. E chatas também!"

Abri a boca para me defender, mas Sócrates continuou sem nem piscar: "Além do mais, se você acha que as pessoas sem filhos têm o mesmo direito de contar suas histórias, mas mantém a boca calada, isso o torna parte do problema. Você é tão culpada quanto eles de manter essa regra tácita em vigor".

Pisquei de novo, um pouco atordoada. Qual era a daquele cara?

"Faz a pergunta", Sócrates suspirou, assentindo na direção da mulher com os cachos volumosos e recostando na cadeira.

Ignorante na arte de fazer perguntas, mas com uma dose de boas intenções e o desejo de crescer como pessoa, decidi tentar, encorajada por Sócrates. *A revolução começa aqui*, pensei. Vou me levantar pelas mulheres sem filhos em rodas de conversa por todo o mundo. Sem falar que vou adicionar um pouco de profundidade a esta discussão em particular. Juntei toda a minha coragem, respirei fundo, olhei nos olhos de Cachos Volumosos e quebrei o silêncio momentâneo do grupo. "E foi uma escolha sua não ter filhos?"

Outro silêncio seguiu, tenso e desconfortável desta vez. Senti o resto do grupo prender a respiração. A mulher me encarou, parecia ter congelado, e depois respondeu entre os dentes cerrados: "Não. Não foi minha escolha, não".

Os outros fizeram um esforço coletivo de se tornar invisíveis. Um feito difícil para seis pessoas em volta de uma mesa pequena, mas eles deram seu melhor.

Senti meus nervos espiralando, fora de controle. "Belo conselho, amigão!", chiei para Sócrates. "Obrigada por nada." Sirenes começaram a tocar na minha cabeça. Como eu iria salvar aquela situação?

O almoço acabou e nós voltamos para a sala em grupo. Fiz questão de acompanhar o passo de Cachos Volumosos e murmurar algo como "Não quis magoar você. É que eu sinto que em conversas assim as pessoas que não têm filhos acabam sendo ignoradas e eu não acho justo; eu sempre quero saber mais sobre as histórias dos outros, e, como estava interessada de verdade nas suas experiências, pensei em simplesmente perguntar... porque, bom, todo mundo merece ser ouvido e nós estamos aqui para aprender sobre filosofia prática, afinal, e para fazer perguntas melhores e...".

Tropeçando em um campo minado que eu mesma construí, acho que não consegui formular um pensamento coerente que fosse. Minhas desculpas covardes e envergonhadas ficaram pairando no ar. Ela assentiu brevemente, um sinal para que eu parasse de falar, e depois acrescentou, em um sussurro cruel: "Sabe, eu acho muito estranho as pessoas presumirem que têm o direito de fazer uma pergunta dessas". Ela saiu a passos largos na direção da sala de aula, me deixando para trás.

Aquele encontro na hora do almoço, aquela conversa e aquela pergunta claramente permaneceram comigo porque mexeram com sentimentos muito poderosos – na mulher com quem eu estava falando e em mim.

Eu me senti envergonhada e culpada, embora fosse difícil dizer o motivo. Minhas intenções foram puras: eu queria me conectar e criar uma conversa mais aberta e mais significativa. Compartilhar nossas histórias. Ir além do papinho superficial de "O que você faz da vida?", "Onde você mora?" e "Quantos filhos você tem?". Eu queria abrir espaço para as histórias de todos. Questionar uma regra não dita que começou a me parecer injusta. Como um Sócrates dos tempos modernos, eu queria conquistar o mundo com boas perguntas, respostas à altura e conversas melhores.

Durante aquele fatídico intervalo de almoço eu gostaria de saber o que sei agora. Que existe *sim* um jeito de fazer aquele tipo de pergunta sem arrastar a outra pessoa por um pântano de emoções indesejadas. Que é possível *sim* criar contextos e condições nas quais você consegue ir além do papo-furado e chegar a águas mais profundas. Que você pode fazer perguntas que conectem, perguntas que te permitam dizer no que realmente está pensando, mesmo que doa um pouquinho às vezes. Que você pode olhar para as perguntas de um jeito diferente, e encontrar meios de formulá-las que sejam menos propensos a receber uma resposta defensiva. Que boas perguntas levam a respostas fortes, que merecem atenção total. Que há um jeito de ter uma conversa de igual para igual, na qual ideias e crenças essenciais são trazidas para a luz. Um jeito de chegar ao cerne da questão, de separar o que faz sentido do que não faz – uma abordagem que permita que todos se responsabilizem pelas próprias emoções e sensibilidades. Um jeito de deixar a pergunta ser simplesmente o que ela é: um convite para ir mais fundo.

É um convite que você tem liberdade para recusar ou aceitar. Sem a necessidade de silêncios constrangedores, almas magoadas ou preces para se tornar invisível em uma mesa de almoço tão pequena que não há como se esconder.

Se eu soubesse na época o que eu sei agora, ainda teria feito aquela pergunta. Mas teria feito de um jeito diferente. Como Sócrates geralmente fazia, teria pedido permissão. Teria dito "Estou interessada em saber mais. Se importa se eu perguntar?".

Mas eu não sabia na época o que eu sei agora. Fiz o melhor que pude com as ferramentas que tinha, e o resultado foi uma experiência dolorosa, na qual eu pensei muito desde então. Nos anos seguintes, aquela breve interação foi uma grande contribuição para o meu desenvolvimento pessoal, para minha educação e até mesmo para este livro. Desde então, continuei aprendendo mais sobre filosofia prática, sobre a arte de fazer perguntas e sobre sustentar conversas filosóficas e socráticas. Estudei na Holanda e em outros países. Fundei uma empresa chamada De Denksmederij (The Thinksmiths) e conduzi treinamentos e oficinas sobre discurso socrático, pensamento crítico e a arte de fazer perguntas. Todo dia desde então tem sido parte de um processo de aprendizado. Aprender o que funciona e o que não funciona. O que constitui uma boa pergunta. O que fazer para trazer profundidade a uma discussão e estimular as pessoas a pensar, filosofar juntas e se conectar umas com as outras. E eu pude conhecer Sócrates, que agora é como um herói para mim. Ele é minha Beyoncé da filosofia, e eu sou, certamente, sua fã.

Durante as sessões de treinamento, consultas filosóficas e apresentações, eu vi e senti por conta própria o impacto de manter uma conversa com uma intenção diferente, e aprendi que as conversas podem mudar para melhor quando você cultiva ativamente uma atitude socrática e trabalha na sua abordagem ao fazer perguntas. Tenho visto e sentido que as conversas podem ser mais substanciais e significativas quando você começa a perceber as armadilhas humanas ao redor da escuta e da fala e descobre como evitá-las.

Experimentei a alegria de compartilhar esse conhecimento com outras pessoas, e de equipá-las com essas percepções e habilidades. Conforme o tempo foi passando, percebi que queria escrever um livro para ajudar todo mundo que deseja ter conversas melhores mas ainda não sabe fazê-las acontecer. Permita que eu leve você nessa jornada. Tendo Sócrates como nosso guia, vamos explorar a arte de fazer perguntas. Para que, em qualquer situação, sob qualquer circunstância, você saiba como trazer profundidade a uma conversa, e como entender um pouco mais sobre o mundo ao redor – saber sobre tudo de maneira um pouquinho mais profunda –, perguntando o que precisa ser perguntado.

Filosofia prática: pra que serve?

A filosofia prática não é uma escola de pensamento esotérica reservada para caras velhos e barbudos em suas torres de marfim. A filosofia prática engloba ideias importantes como justiça, amizade, inclusão e coragem, e as conecta com perguntas que nos pegamos fazendo na vida cotidiana. Tudo bem mentir para um amigo? Minha empresa precisa de uma política de contratação mais inclusiva? Quando é melhor guardar algo para si mesmo? Agora é a hora certa para trocar de emprego? O jeito como eu me comporto reflete quem eu sou? Será que eu deveria colocar meus interesses em primeiro lugar nesta situação?

Todos já passamos por isso. Uma encruzilhada onde nossos dilemas pessoais e as grandes questões da vida se cruzam. Cada uma dessas perguntas é crucial na nossa vida, mas, se quiser pesquisar as respostas no Google, boa sorte! Esse tipo de pergunta pode rapidamente te encurralar.

É aí que entra a filosofia prática. Eu acredito que a melhor maneira de procurar por essas respostas é conversando sobre as coisas com alguém que faz as perguntas certas, assim vocês podem se tornar mais sábios juntos. Quero compartilhar com você um jeito particular de ter conversas, de se juntar a outras pessoas na busca pela sabedoria, por novas percepções e pelas respostas para perguntas essenciais.

Mas este não é um livro que vai te ajudar a deslumbrar as pessoas com conversa-fiada. O que ele *vai* fazer é te ajudar a alcançar as profundezas escondidas nas suas conversas. Quando você explora novas possibilidades e perspectivas, quando seu pensamento próprio está "ligado", as camadas mais profundas de uma conversa se abrem e você começa a enxergar potencial para descobertas e ideias surpreendentes. É um tipo de pensamento flexível no qual você decide ativar seu ponto de vista ou embarcar na linha de pensamento de outra pessoa para ver aonde ela vai te levar, e então ter uma discussão sem o desejo de convencer a outra pessoa ou de sair por cima.

O escritor Lammert Kamphuis chega ao cerne da filosofia prática: "O filósofo espanhol José Ortega y Gasset disse certa vez que a filosofia é a ciência do superficial: quando filosofa, você traz ideias inconscientes, suposições e crenças à superfície".[2]

É ao mesmo tempo válido e recompensador não apenas ter ciência das próprias ideias inconscientes sobre a natureza humana, mas também deixar espaço para as ideias das outras pessoas. É uma capacidade que eu gosto de chamar de "perspectiva ágil": a habilidade de pensar fora da suas próprias estruturas, opiniões e visões. E filosofar é o melhor jeito de treiná-la. A perspectiva ágil tem a ver com explorar e investigar o ponto de vista de outra pessoa, sem se prender imediatamente às suas próprias opiniões. Tem a ver com se soltar dos seus sentimentos pessoais por um momento e explorar uma questão com clareza e calma, mantendo sua lousa em branco tanto quanto possível. E, quando suas próprias opiniões surgirem, tem a ver com questioná-las criticamente e descobrir que você tem uma mente muito mais ampla do que imaginava.

Em outras palavras, este é um livro para pensadores corajosos; para pessoas que ousam duvidar, e que estão dispostas a investigar algo em vez de presumir que já conhecem tudo com certeza. Aquelas que ficam felizes em abraçar o desconhecimento. Para quem tem a coragem de não opinar de imediato, se calando por um tempo para escutar. Aqueles que usam o momento de silêncio como ponto de partida para uma pergunta que aprofunda mais, que mostra que querem saber mais. Sabendo que filosofar – não saber, fazer perguntas, buscar respostas – te torna uma pessoa mais rica e mais sábia. É um livro para todos os que não se contentam em insistir no "Essa é a minha verdade", mas querem buscar uma sabedoria compartilhada.

Certa vez, Albert Einstein disse: "Se eu tivesse uma hora para resolver um problema e minha vida dependesse da solução, eu passaria os primeiros cinquenta e cinco minutos determinando a pergunta adequada a ser feita". Este livro vai te ajudar a fazer perguntas que têm valor. Perguntas importantes. Perguntas que convidam, exploram, descobrem, revelam, confrontam, aprofundam, desafiam, empolgam e movimentam as coisas. Este livro vai treinar você para pensar, analisar e questionar de forma crítica. Vai fornecer diretrizes práticas, condições, técnicas, embasamento teórico e modos de escutar. E vai servir de bússola, apontando na direção da exploração contínua e da profundidade filosófica nas suas discussões do dia a dia.

O que este livro não oferece é uma lista simples de perguntas que com certeza te farão acertar na mosca. Isso não existe. Uma pergunta que acerta em cheio em uma situação pode estar completamente errada em outra. Acredite, eu sei.

Por que Sócrates?

Bem-vindo ao seu manual prático para desenvolver uma atitude indagadora e fazer perguntas melhores. Tendo o filósofo Sócrates como seu guia e professor. Imagine Sócrates de tênis, salto alto, botas de caubói… o que for mais a sua praia.

Sócrates, o pensador da Grécia Antiga que viveu há uns 2.500 anos. Um dos filósofos mais práticos do mundo, que assombrava praças e mercados de Atenas tentando engajar as pessoas em discussões filosóficas para que aproveitassem o momento e se agarrassem ao que realmente importa na vida. Ele percebeu rapidamente sua própria falta de experiência e adotou uma atitude indagadora com o único propósito de questionar os outros sobre seus conhecimentos e sabedorias. Sócrates fazia perguntas – muitas perguntas. Ele entendeu a arte de fazer perguntas como ninguém. E tinha dois motivos principais para adotar essa abordagem:

1. Ele queria ser mais sábio. Partindo do princípio "Só sei que nada sei", Sócrates saiu em busca de conhecimento verdadeiro. Ele percebeu que o conhecimento verdadeiro nasce nos diálogos, e via seu parceiro de conversa, antes de tudo, como uma pedra de amolar, na qual ele afiava o próprio pensamento.

2. Ele queria libertar seu parceiro de conversa dos erros do seu raciocínio, dos pensamentos falhos e das tentativas de enganar a si mesmo e aos outros (em outras palavras, do papo-furado), ajudando assim na busca pelo "conhecimento verdadeiro". Por meio dos seus questionamentos críticos, eles passavam a entender que tudo o que achavam que sabiam com certeza não era conhecimento verdadeiro coisa nenhuma.

No nosso mundo moderno, no qual todos achamos que sabemos de tudo, e no qual opiniões recebem mais audiência do que fatos, não faria mal usar uma dose saudável de abertura, curiosidade e desconhecimento. Sócrates e sua abordagem prática para filosofar, pensando e fazendo perguntas, oferecem o critério perfeito. Com ele, podemos aprender a desenvolver uma atitude indagadora e cheia de admiração, e encontrar maneiras de fazer perguntas críticas uns para os outros, e para nós mesmo.

Sócrates: uma filosofia pra lá de prática

Sócrates, nosso herói, viveu em Atenas há cerca de 2.500 anos. Ele nasceu no ano de 469 d.C. Seu pai era escultor, e sua mãe era parteira. Ele cresceu, se casou com uma mulher chamada Xântipe, e juntos tiveram três filhos. Inicialmente Sócrates seguiu os passos do pai e se tornou um artesão, mas em pouco tempo acabou se voltando para a arte de instruir. Na *ágora*, o coração da vida política e cultural da cidade, ele entrava em conversas com qualquer um que o escutasse – administradores, comerciantes, políticos, artesãos, artistas e estudantes – para discutir aspectos fundamentais de suas vidas e trabalhos. Fazendo perguntas, Sócrates dava às pessoas a oportunidade de sustentar suas decisões, de refletir sobre as justificativas dos seus comportamentos e de expor o raciocínio que as levara aos seus pontos de vista. Isso o fez ganhar muito respeito, mas nem todo mundo era fã do seu jeito inquisidor de fazer perguntas. O que lhe rendeu o apelido "o pentelho de Atenas".

Sócrates acreditava que a única coisa que nos faz felizes de verdade é saber o que é certo; nossa habilidade interna de distinguir o bem em cada situação. Os seres humanos querem ser bons no que fazem. Como se tornar um bom pai ou uma boa amiga? Como saber qual decisão tomar no papel de administrador ou empresário? O que uma ação certa e responsável significa para você, como médica? Sócrates era mestre em questionar e personificar uma atitude questionadora. Se houvesse uma competição para premiar a pessoa que menos sabe em toda a história, ele ganharia de olhos fechados. Ele tinha a habilidade insuperável de segurar um espelho para qualquer pessoa que estivesse falando com ele, refletindo suas palavras e contradições de volta para ela. Ele não se gabava de tudo o que sabia, mas continuava a fazer perguntas, convidando seu parceiro de conversa para entrar em uma indagação conjunta.

O lema de Sócrates era "Só sei que nada sei", e isso deu a ele o título de homem mais sábio de todos, vindo do Oráculo de Delfos. O Oráculo ficava localizado no centro de Delfos, um local sagrado de adoração para os gregos antigos. Era um oráculo amplamente venerado, dedicado a Apolo, que era o deus da profecia e dos oráculos, dentre muitas outras coisas. Milhares de pessoas, muitas delas peregrinas, viajavam para Delfos todos os anos para consultar o oráculo e pedir conselhos aos deuses quando tinham decisões importantes e difíceis a serem tomadas. Como era também o deus do sol e da luz em si, acreditava-se que Apolo era capaz de iluminar os cantos mais escuros e de ver coisas que fugiam aos olhos dos meros mortais.

Sócrates tinha sede de conhecimento e queria respostas para perguntas grandiosas como "O que é justiça?". Sua abordagem consistia em encontrar alguém que supostamente sabia do que estava falando para responder à sua pergunta. Um juiz, por exemplo, uma pessoa que julgava diariamente questões sobre o bem contra o mal. Essa pessoa certamente saberia responder o que é justiça. O juiz que Sócrates consultou de fato tinha uma resposta, que foi apresentada em detalhes. Mas não demorou muito para Sócrates começar a apontar contradições na explicação. Depois de um tempo, o próprio juiz foi obrigado a admitir que não sabia exatamente como descrever o conceito de justiça. Era uma virtude? Tinha algo a ver com temperança? Ele agira de forma justa neste ou naquele caso em particular? A lista de dúvidas era infinita. Era assim que Sócrates fazia seus interlocutores pensarem, engajando-se com eles na busca coletiva por sabedoria.

No entanto, Sócrates tinha uma abordagem muito prática do filosofar: ele discutia conceitos abstratos por meio de sua aplicação em situações concretas. Na visão dele, a filosofia não era reservada para a elite, mas algo que deveria ser útil, e que provasse seu valor em relação às experiências práticas do dia a dia. Seu objetivo era fazer uma investigação conjunta, trabalhando com outros para avaliar argumentos e se envolver em um processo de aprendizado compartilhado e de busca por sabedoria. O foco estava sempre em experiências concretas. Trocas puramente teóricas sobre ideias, conceitos e situações hipotéticas não faziam sentido para Sócrates: elas não produziam conhecimento verdadeiro, mas um tipo de "conhecimento falso", restrito ao ambiente acadêmico tradicional. Na realidade, Sócrates estava expondo análises comportamentais e, ao questionar como as pessoas agiam e pensavam, ele tentava destrinchar as regras pelas quais elas eram governadas. E quando você explicita essas regras, crenças, convicções e opiniões inconscientes, quando você as questiona e depois as entende melhor, isso também resulta em um comportamento melhor.

Sócrates argumentava que conhecimento não é algo que se ganha repetindo as ideias dos outros; é mais como um ato de memória. É por isso que, embora muitos dos seus diálogos tenham sido registrados por seu aluno e pupilo, o filósofo Platão, não há de fato livros escritos pelo próprio Sócrates. Ele acreditava que escrever livros resultaria em um tipo de aprendizado rígido, acadêmico e impraticável. O único jeito de alcançar o conhecimento verdadeiro, na visão dele, era por meio do diálogo. O conhecimento era possuído pela alma imortal, e Sócrates acreditava que estava ajudando seus parceiros de conversa a se lembrarem daquele conhecimento. Seu método veio a ser conhecido pela maravilhosa palavra "maiêutica", do grego "agir como uma parteira".

A mãe de Sócrates era parteira, e ele era tão familiarizado com o processo do parto que geralmente comparava seu trabalho – tirar o conhecimento de dentro de uma pessoa – com dar à luz uma criança.

Em *Mênon,* que é o registro de um diálogo socrático feito por Platão, Sócrates diz:

> Alguns outros pontos desse argumento, claro, eu não afirmaria com grande convicção. Mas que, acreditando que é preciso procurar as coisas que não se sabem, seríamos melhores, bem como mais corajosos e menos

> preguiçosos do que se acreditássemos que as coisas que não conhecemos nem é possível encontrar nem é preciso procurar – sobre isso lutaria muito se fosse capaz, tanto por palavras quanto por obras.[3]

No fim das contas, foi uma luta que custou a vida de Sócrates. Aos setenta anos, ele foi acusado de profanação e de corrupção da juventude de Atenas. Foi condenado por suas práticas e sentenciado à morte. Ao longo dos anos ele antagonizou muitas pessoas com suas perguntas críticas. Alguns o menosprezaram como um sofista, um propagador de argumentos duvidosos e falácias perversas que encorajaram a geração mais jovem a desafiar a autoridade. Na visão deles, sua conduta minava as leis sagradas de Atenas. Outras acusações condenaram Sócrates por ser antidemocrático. Por exemplo, certa vez ele disse que o procedimento de selecionar governadores arbitrariamente no povo não era garantia de um resultado justo. De maneira geral, Sócrates não chegou a fazer muitos amigos com suas visões e seu jeito de falar.

Em *Apologia de Sócrates,*[4] Platão faz um registro extenso do julgamento de Sócrates. O filósofo defendeu seu próprio caso perante um júri de quinhentos homens atenienses. Em sua defesa, Sócrates explica como acabou ganhando uma reputação tão ruim e, de passagem, faz uma crítica aos seus promotores. Ele parece não levar o próprio julgamento a sério, e uma maioria de 360 o condenou a beber uma taça de veneno. Sócrates não tinha medo da morte, raciocinando que a morte era das duas, uma: ou um grande nada, um sono eterno sem sonhos, ou o momento em que a alma vai para um lugar onde todos os já falecidos estão reunidos. Ele argumentou que o grande nada não deveria ser temido, assim como a alternativa. A morte de Sócrates é tida por alguns como um dos momentos "big bang" da filosofia, embora muitos a considerem o ponto inicial da história da filosofia.[4]

Platão registrou por escrito dezenas de diálogos socráticos. É claro que não podemos ter certeza absoluta de quais partes das conversas de fato aconteceram, e quanto delas pode ser atribuído à imaginação de Platão. O que sabemos é que esses registros de como Sócrates conduzia suas conversas levaram a um método estruturado do que chamamos de "diálogo socrático".

O filósofo alemão, educador e ativista político Leonard Nelson (1882-1927) foi o fundador do diálogo socrático dos tempos modernos. Seu objetivo era restaurar o método socrático em seu lugar de direito: não apenas como entidade abstrata e teórica dentro da história da filosofia, mas também como ferramenta prática, um método que poderia ser aplicado na educação, em organizações, na política e em outras áreas da vida cotidiana. Ele reconheceu que uma atitude indagadora socrática é o que você precisa desenvolver para trazer mais encantamento, reflexão e profundidade às suas conversas.

Pra que se importar?

Mas por que diabos você iria querer treinar para fazer boas perguntas e desenvolver uma atitude filosófica? Já temos vidas ocupadas o bastante do jeito que está, você poderia dizer. Mesmo assim, existem diversos bons motivos.

Em primeiro lugar, é disso que o mundo precisa agora. A sociedade acelerada em que vivemos, com tendência à polarização, pode encontrar grandes benefícios no desacelerar, em atitudes fundamentalmente filosóficas, em pessoas genuinamente interessadas umas nas outras e que sabem fazer as perguntas certas. O debate público, programas de auditório, entrevistas, artigos opinativos, discussões dentro e fora da internet e até mesmo conversas acaloradas durante o jantar: essas situações geralmente tomam a forma de ataque e defesa, limitando-se a uma troca de farpas alimentada por um cabo de guerra de opiniões entre visões opostas. Nada disso é especialmente produtivo, conectivo ou útil. Quando a poeira abaixa, todos voltam para os seus cantos para esfriar a cabeça e afundam ainda mais em suas visões fechadas, em vez de se abrirem para a experiência do outro.

Muitos estão prontos e dispostos a terem boas conversas sobre os temas do dia: sobre racismo e os efeitos do colonialismo, sobre discriminação, gênero, corpos diversos, assédio, refugiados e imigrantes ou a crise climática. Esse é o tipo de tópico que parece inflar o temperamento rápido demais, provocar as pessoas e deixá-las determinadas a serem entendidas, em vez de primeiro tentarem entender o ponto de vista do outro. Pelo nosso próprio bem e pelo bem do mundo em que vivemos, precisamos encontrar um jeito melhor de ter essas conversas. Precisamos prestar mais atenção, ouvir mais de perto e tentar compreender *antes* de sermos compreendidos.

Precisamos fazer boas perguntas que nos levem a uma compreensão mais profunda. Sem elas, acabamos perdendo o contato com nossa criatividade, nosso poder de imaginar e nossa habilidade de pensar criticamente.

Fazer perguntas focadas nos ajuda a desenvolver essas habilidades e a conduzir conversas mais ricas, mais livres e mais complexas de maneiras que sejam mais efetivas e com nuances. Este livro foi feito para te ajudar a crescer nessas áreas.

Femke Halsema tem sido uma das principais figuras da política holandesa há muitos anos. Tendo saído do parlamento alguns anos atrás, ela voltou à vida pública em 2018 como prefeita de Amsterdã. Em uma entrevista para o semanal *Vrij Nederland*, ela falou sobre o debate que tivera recentemente com o astro em ascensão da direita populista Thierry Baudet:

> Eu realmente mergulhei no ponto de vista das outras pessoas. Estive com Thierry Baudet ano passado, algumas semanas depois do nosso debate em Amsterdã, e ele me disse: "Você se saiu muito melhor no debate do que eu". Achei bem nobre da parte dele. "Sabe por quê?", eu perguntei. "Há uma grande diferença entre mim e você. Eu tenho interesse genuíno em você e na sua visão, então me preparei com antecedência. Mas você não tem o menor interesse em mim." Ele me vê como o símbolo de algo que odeia, sem saber o que eu realmente defendo.[5]

A atitude de Femke Halsema foi algo que raramente vemos, enquanto a atitude que ela atribui ao seu oponente, Baudet, nós vemos com frequência. Conhecemos muito pouco uns sobre os outros e, embora tenhamos pouquíssimo interesse na opinião de outra pessoa, já decidimos que não gostamos nada do que ela pensa. Sem saber verdadeiramente o motivo.

A atitude curiosa de querer fazer perguntas, de querer explorar o ponto de vista da outra pessoa, começa dentro de nós. Comigo e com você. Nas nossas conversas com amigos, com familiares, na mesa de jantar, no trabalho ou no bar. E a partir daí esse novo estilo socrático de conversar, de querer se tornar sábios juntos, vai se inserir nos debates, nas entrevistas, nas colunas de jornal e na esfera política. Essa mudança para melhor pode começar conosco.

Um segundo motivo para desenvolver essas habilidades é simples: a qualidade das suas conversas vai melhorar tremendamente! Quando você e sua família se sentam à mesa juntos, não seria legal de vez em quando ter conversas mais interessantes do que "Como foi a escola hoje?" ou "Muita correria no trabalho?". Conversas em bares, em salas de aula, na mídia e nas festas de aniversário se tornam muito mais proveitosas se você desenvolve a curiosidade e começa a fazer tipos diferentes de perguntas. Dominar uma abordagem mais bem pensada para as perguntas te dá um passaporte para o mundo de experiências de outra pessoa. Vocês se tornam capazes de conhecer genuinamente uns aos outros, descobrem coisas novas e chegam a conclusões e a novas e surpreendentes formas de pensar. Compartilhar isso com os outros te torna um ser humano mais rico.

O terceiro motivo? É divertido! Pensar e perguntar, exercer a filosofia prática, é divertido de verdade. Um dos meus alunos chegou a chamar de viciante. É a sensação de que o seu pensamento está ficando cada vez mais claro, de que você consegue chegar ao cerne da questão com mais eficiência, separando o que faz sentido do que não faz. A sensação de que você está ganhando novos pontos de vista, desenvolvendo ideias e encontrando outras formas de investigar questões e encontrar soluções junto a outras pessoas. Tudo isso é enriquecedor, interessante e muito proveitoso. Você cria espaço para pensar, para se tornar mais flexível, ágil e responsivo.

Descobrir e explorar o processo de pensamento de outra pessoa, levando alguém em uma missão conjunta em busca de sabedoria, é um jogo diferente. Há um valor intrínseco no ato da filosofia prática, nos questionamentos infinitos das situações, afirmações e declarações. É um pouco como tocar piano. Por que você toca piano? Porque é bom. Por que treinar a filosofia prática? Porque é bom. Questionar uma situação fazendo perguntas não é tão diferente de resolver um quebra-cabeça: quanto mais você faz, melhor fica, e o processo é tão recompensador quanto o resultado.

E há um quarto motivo, o último: ao fazer boas perguntas e se engajar em uma busca coletiva e conversativa por sabedoria, você acaba se conhecendo melhor. Olhar para o mundo com um senso de admiração, e questionar todas as coisas de maneira crítica, não te dá respostas pré-prontas, mas oferece ferramentas para explorar ideias e descobrir as respostas por conta própria.

Eu acredito que boas perguntas criam uma conexão real e genuína. Uma conexão que reconhece nossas diferenças e semelhanças, que chega à essência de quem somos. Nas palavras de Brené Brown, pesquisadora sobre vergonha, coragem, vulnerabilidade, amor e, em resumo, tudo o que nos torna humanos: somos feitos para nos conectarmos. Acima de qualquer coisa, queremos nos sentir significativamente conectados com outros seres humanos. Se tem uma coisa de que o nosso mundo precisa atualmente, com certeza é isso.

Este livro está aqui para ajudar. Na primeira parte, eu exploro os motivos pelos quais geralmente somos tão ruins em fazer boas perguntas. O que nos faz evitar as perguntas no geral? Por que razão o simples ato de fazer uma pergunta pode ser tão difícil, vergonhoso ou puramente assustador?

Ao longo das quatro partes seguintes, vamos arregaçar as mangas e botar a mão na massa. Na Parte Dois, você vai trabalhar no cerne dessa abordagem, o ponto de partida para fazer boas perguntas e filosofar: desenvolver uma atitude socrática questionadora.

A Parte Três vai equipar você com um conjunto de habilidades muito úteis que oferecem as condições básicas para fazer perguntas boas e profundas, que movem as coisas. Você vai, pura e simplesmente, treinar sua escuta. Vai considerar a importância da linguagem, e também descobrir o que podemos aprender com Sherlock Holmes quando se trata de buscar uma linha questionadora incisiva.

A quarta parte se concentra em dicas e truques técnicos. Nela você vai aprender as técnicas associadas a fazer perguntas claras, completas e profundas, por exemplo, usar "perguntas-eco" e saber por que elas funcionam tão bem, e como reconhecer e fugir de perguntas-armadilha.

Por fim, na Parte Cinco vamos olhar para o passo seguinte: você fez uma boa pergunta, e agora? É hora da conversa. E há muito a ser dito sobre isso também. Como manter suas conversas interessantes? Como entrar em uma investigação filosófica prática que deixe vocês dois um pouco mais sábios?

PARTE UM

POR QUE SOMOS TÃO RUINS EM FAZER BOAS PERGUNTAS?

"Não há aqui uma ideia de conhecimento, que é uma espécie vergonhosa de ignorância?"
Sócrates[1]

Então, qual é exatamente o nosso problema? Somos mesmo tão ruins em fazer boas perguntas? Em caso afirmativo, por quê? E, mais importante, há esperança para nós?

Nesta seção, perguntamos: o que é uma pergunta, afinal? Por que evitamos fazer perguntas? E, quando *de fato* as fazemos, por que geralmente elas não são tão boas?

"Já faço perguntas o dia inteiro. O que mais posso aprender?"

Eu amo o meu trabalho. Quando estou em uma festa ou em um evento de networking e alguém me pergunta o que eu faço da vida, inevitavelmente embarco em uma conversa entusiasmada: "Eu ajudo pessoas a fazerem perguntas melhores. Usando uma abordagem filosófica. Conduzo oficinas, cursos e mentorias para ajudar pessoas a entenderem seus processos de pensamento e…”. Geralmente é nessa parte que a outra pessoa me interrompe. “Você *ajuda* pessoas a fazerem perguntas? Mas pra quê? Eu faço perguntas o dia inteiro. Por que precisaria de um curso para isso?”

Uma pequena parte de mim quer bancar a esperta e apontar a ironia: para alguém que insiste que não precisa de ajuda ao fazer perguntas, você acabou de soltar uma série de perguntas enviesadas, retóricas e nada além de vagas e curiosas. Perguntas que mal se qualificam como genuínas, na verdade. Em vez disso, tento encarar os encontros desse tipo como um lembrete do quanto ainda tenho a trabalhar, e de que todos nós podemos aprender mais quando o assunto é fazer perguntas muito boas.

Nosso amigo da festa está certo, é claro. Fazemos perguntas o dia inteiro. Pelo menos *achamos* que fazemos.

Mesmo que você esteja convencido de que faz perguntas o dia inteiro e se considere bom nisso, a verdade tende a ser bem decepcionante. Com mais frequência do que se imagina, o que você está fazendo é dizer uma frase com um ponto de interrogação no fim, e ninguém precisa de um curso para isso. Respirar é algo que fazemos o tempo todo, mesmo assim estudos e mais estudos apontam que não somos muito bons nisso: a maior parte da nossa respiração é rápida e rasa demais. É quase a mesma coisa quando fazemos perguntas. Nossos hábitos inconscientes nos fazem trocar os pés pelas mãos.

Fazer perguntas é uma habilidade em que nós, como sociedade, somos especialistas. Fazemos muitas perguntas do nada, e geralmente elas são incompletas, sugestivas, retóricas, inoportunas ou perguntas que nem sequer são perguntas. “Você não acha que o Tom anda meio irritado ultimamente?” “Por que eu faria de outro jeito?" "Qual é a sua desculpa dessa vez?" "Reparou que o Mike deu uma engordada?" "Não acha que a Ana não veio porque ela está com medo? Ou é isso, ou ela está nervosa, ou talvez esteja..."

Quando alguém nos apresenta um problema ou um dilema, em vez de perguntarmos à pessoa o que está errado, geralmente entramos no modo de conserto. "Já tentou conversar com ela?" "Aquele terapeuta me ajudou muito, aposto que ele pode te ajudar também!" Ou afogamos a outra pessoa com conselhos. "Sabe o que você deveria fazer? Tem que..." "É só você ligar para o fulano ou o beltrano." Ou acobertamos a história da outra pessoa com nossas próprias experiências. "Aconteceu a mesma coisa comigo! Só que no meu caso foi mais..."

Preferimos convencer a outra pessoa de que sabemos do que ela está falando a enxergar o ponto de vista dela mais de perto. Escutamos a história e imediatamente estabelecemos uma ligação com nossa própria vida, em vez de nos atermos ao que ela está tentando nos dizer. Nossa mente já está se adiantando, pensando no que vamos responder assim que ela parar de falar: "Sim, mas eu vejo essas coisas de um jeito completamente diferente...!". Quando na verdade poderíamos simplesmente tirar um tempo para escutar de fato.

A boa notícia é: fazer as perguntas certas é algo que você pode aprender. A habilidade de fazer perguntas pode ser inata, mas também exige prática. É como fazer salto em altura: na teoria, é algo que quase todo ser humano pode tentar desde cedo. Mas seríamos muito melhores nisso se pensássemos sobre como abordar a prática e treinássemos nossa habilidade natural.

Perguntas são como ferramentas. As certas podem te ajudar a chegar a uma discussão bem pensada e a explorar o ponto de vista de outra pessoa. Você pode optar por uma pinça delicada ou uma broca atrevida, ser tão sutil quanto uma lixa ou tão confrontador quanto um pé de cabra. Como acontece com qualquer ferramenta, o resultado vai depender de como você a utiliza. Posso pegar um formão e esculpir um pedaço de pedra para criar uma obra de arte escultural, mas, se eu me empolgar demais e aplicar muita força do jeito errado, posso acabar arrancando a cabeça da minha estátua. Por outro lado, posso pegar uma lixa e esfregar uma superfície quanto eu quiser, mas, se não aplicar força suficiente, nada vai mudar. Com as perguntas é a mesma coisa: elas são muito mais efetivas quando manejadas com habilidade e propósito.

Uma pergunta que surge da curiosidade genuína é um passo na direção da outra pessoa. Quando faz esse tipo de pergunta, na verdade você está dizendo: eu quero me aproximar e te conhecer melhor. Inevitavelmente, isso envolve um risco e cria uma pequena tensão. Afinal, a outra pessoa pode facilmente te mandar pastar. E esse é um dos principais motivos pelos quais hesitamos tanto antes de fazer boas perguntas.

O que exatamente é uma pergunta?

Vale a pena tirar um momento para pensar no que é uma pergunta e, mais importante, no que não é. É fácil presumir que todos nós sabemos o que queremos dizer com a palavra "pergunta", mas, quando examinamos o tema mais de perto, muitas das perguntas que fazemos nem chegam a ser perguntas. Em vez disso, geralmente são afirmações, suposições e hipóteses disfarçadas. "Você não acha que a Alice está certa?" "Você está sugerindo que...?" "O Ben tem razão, não tem?" Elas soam mais como opiniões embrulhadas como perguntas, ou hipóteses em busca de uma rápida validação. Quando você coloca preto no branco, isso pode falar por si. "Dã! É claro que não são perguntas de verdade! Qualquer um pode ver isso!" Mas comece a prestar mais atenção e você vai notar quantas dessas perguntas nós fazemos diariamente, no lugar das perguntas que são genuínas.

O dicionário define "pergunta" como "uma frase construída ou expressada a fim de obter informação de uma pessoa". Embora essa definição seja perfeitamente aceitável para o que é uma pergunta – quem sou eu para discutir com o dicionário? –, ela não chega a falar sobre a maneira como aquela frase pode ser conduzida, a intenção por trás dela ou o efeito que causa na outra pessoa. No contexto da filosofia prática e do nosso foco aqui, que está na elaboração de boas perguntas, pensei na seguinte definição:

- Uma pergunta é um convite. Um convite para pensar, explicar, afiar, aprofundar, prover informação, investigar, conectar.
- Uma boa pergunta é formada com clareza e nasce a partir de uma atitude aberta e curiosa.
- Uma boa pergunta se mantém focada na outra pessoa e na história dela.
- Uma boa pergunta faz alguém pensar.
- Uma boa pergunta gera esclarecimento, novas visões ou uma nova perspectiva para o interlocutor.
- Uma boa pergunta *não* tem a intenção de dar conselhos, checar hipóteses, impor um ponto de vista, compartilhar

uma opinião, sugerir algo ou fazer a outra pessoa se sentir julgada ou encurralada.

O último ponto é particularmente importante. Essa distinção pode até parecer óbvia, porém muitas das perguntas que fazemos diariamente caem nessa zona de exclusão. Com muita frequência, sem a intenção ou mesmo sem percebermos, fazemos perguntas centradas em nós mesmos. Nos nossos próprios medos, sentimentos, ideias, preconceitos, necessidades. Sem perceber, usamos nossas perguntas para projetar essas preocupações na história da outra pessoa. Em outras palavras, precisamos fazer perguntas para nos reafirmarmos, em vez de olharmos de perto ou investigarmos o que o outro está realmente dizendo.

É como o seu melhor amigo que escuta seu relato de uma discussão intensa com seu parceiro e responde com: "Então, você está pensando em terminar tudo?". Ou como a colega que ouve a história das suas férias na Toscana e responde com "Você não enjoou de macarrão e pizza depois de uma semana?". Ou a amiga que escuta suas preocupações com a saúde da sua mãe e diz "Então, você está pensando em ser o cuidador dela? Isso é difícil, sabia? Eu fiz por um tempo...".

Não existe pergunta ruim?

É comum ouvir pessoas dizendo que não existe pergunta ruim, e no geral essa afirmação não está tão errada. Quase sempre pode ser um convite para mandar ver e não se segurar, e, é claro, isso é uma coisa boa. Perguntas não são feitas para serem engolidas. Entretanto, muitas perguntas bem-intencionadas são formuladas pobremente. Mesmo quando a intenção é justa e a motivação de quem faz a pergunta é impecável, a pergunta em si passa completamente do ponto. Como Oscar Wilde escreveu, "Não existe livro moral ou imoral. Livros são bem escritos ou mal escritos".[2] O mesmo vale para perguntas. Elas não são inerentemente boas ou ruins. Mas, certamente, podem ser bem ou mal formuladas, e usadas para o bem ou para o mal.

Quando falo sobre "boas perguntas" neste livro, estou sempre me referindo às perguntas genuínas e sinceras que encorajam a outra pessoa a pensar. Estas são perguntas feitas sem o objetivo de influenciar ou encaminhar a conversa para uma direção em particular. Não há a intenção de consertar um problema ou de impor sua forma de pensar. Uma boa pergunta é aquela que claramente pode ser reconhecida como tal, que funciona dentro do contexto no qual é feita e com uma intenção que corresponde ao seu propósito.

Dar uma lista de exemplos concretos aqui fugiria do ponto principal: uma pergunta que funciona extremamente bem em um contexto pode não funcionar tão bem em outro. O que é apropriado em uma situação nem sempre é apropriado em outra. A intenção usada em uma conversa em detrimento de outra também determina a efetividade de uma pergunta. Vez ou outra, retorno à minha própria definição: *Uma pergunta é um convite.*

O que constitui uma conversa profunda?

Neste livro, também vou falar sobre conversas profundas: conversas substanciais, que chegam ao cerne da questão. Vale a pena tirar um momento para pensar no que envolve uma boa e profunda conversa. Uma boa conversa não é entediante ou unilateral. Não consiste simplesmente em duas pessoas comparando opiniões, compartilhando anedotas, batendo papo, sobrepondo monólogos ou tagarelando ao mesmo tempo.

O que uma boa conversa envolve *de verdade* é uma exploração da experiência de um dos participantes e uma observação atenta de ideias, conceitos e questões que estão em jogo, além das noções sobre a natureza humana. Focar a experiência da outra pessoa é, na verdade, mais complicado do que parece, já que, mesmo sem perceber, podemos nos empolgar para contar nossas próprias histórias, experiências e pontos de vista sem explorar suficientemente a profundidade da outra pessoa primeiro. Uma conversa profunda deve ser uma missão estimulante e compartilhada, uma busca conjunta pela sabedoria.

Por mais bem-intencionada que tenha sido, a resposta da minha querida avó quando soube que eu torci o tornozelo não fez jus a esse conceito. "Ah, querida, que coisa horrível. A sobrinha da Greta passou por isso no ano passado. Ficou sem trabalhar por quase três semanas. Não conseguia dirigir, não conseguia andar – ficou inválida. Horrível! Simplesmente horrível!"

Por que as boas perguntas não vêm facilmente

Para melhorar na elaboração de boas perguntas, é importante entender por que geralmente não somos muito bons nisso. Se eu quero ser a estrela do debate, preciso praticar bastante. Mas a prática sozinha não vai me fazer chegar lá. Também preciso aprender sobre armadilhas e me familiarizar com a teoria, entendendo como se conduz um debate e se constrói um argumento forte. Para me tornar uma boa cozinheira, preciso complementar minha prática na cozinha com a compreensão das maneiras como sabores, aromas, texturas e ingredientes funcionam juntos, além de mergulhar no raciocínio por trás do uso de combinações, ferramentas e técnicas particulares. Qualquer um que tenha visto uma tentativa de fazer um suflê de chocolate desmoronar diante de seus olhos vai entender por que se preocupar com armadilhas e possíveis causas de fracasso é, às vezes, o melhor lugar para começar.

Então, antes de praticar o "como" fazer boas perguntas, é importante refletir sobre o motivo de as boas perguntas não surgirem com facilidade. A partir do momento em que você entender os motivos pelos quais tantas pessoas são ruins nessa área, vai perceber que você também comete esses erros clássicos. O conhecimento por si só vai tornar você mais ciente das suas próprias habilidades de questionador e te ajudar a desviar das armadilhas. Não só isso, mas em breve você será capaz de se engajar com mais proximidade nas conversas do dia a dia, e também nos assuntos da mídia, e vai ter uma lista do que deve ou não deve fazer quando se trata de fazer boas perguntas.

Para escrever este livro, pedi feedbacks, conduzi entrevistas e fiz todo tipo de pergunta. Duas das mais importantes foram "O que te impede de fazer uma pergunta?" e "Por que você acha que as pessoas se seguram ao fazerem perguntas?". Combinando as respostas que recebi com minhas próprias pesquisas, experiências, descobertas e conclusões, cheguei a seis movimentos pelos quais às vezes somos incapazes de fazer boas perguntas:

1. **NATUREZA HUMANA:** Falar de si mesmo parece muito mais interessante do que fazer perguntas.
2. **MEDO DE PERGUNTAR:** Levantar uma questão pode ser uma proposta assustadora.

3. **GANHAR PONTOS**: Uma opinião causa uma impressão melhor do que uma pergunta.
4. **FALTA DE OBJETIVIDADE**: Nossa habilidade de raciocinar objetivamente está em declínio.
5. **IMPACIÊNCIA**: Achamos que fazer boas perguntas é perda de tempo.
6. **FALTA DE COMPETÊNCIA**: Ninguém ensina.

MOTIVO NÚMERO UM
Natureza humana

Somos egoístas demais para fazer boas perguntas

Não é o melhor jeito de começar, mas é verdade: geralmente somos autocentrados demais para fazer boas perguntas. Fazer uma boa pergunta requer a vontade de entrar no mundo de outra pessoa e explorar os pensamentos e experiências dela. E, via de regra, nós simplesmente não achamos o mundo do outro tão interessante como o nosso. Estamos preocupados com nossas próprias opiniões, percepções, identidades e história. Há vários sinais em uma conversa que revelam nossa relutância a perguntar e nosso hábito de priorizar nós mesmos.

Interromper, tagarelar, repetir o próprio ponto de vista

Algumas pessoas são campeãs nisso: te chamam para conversar mas te interrompem em poucos segundos e não param de falar sobre si mesmas.

"Como foi sua viagem para as ilhas? Fez alguma coisa legal?"

"Sim, fomos num festival de música incrível. E tinha uma ciclovia que passava pela costa e..."

"Ah, o Jake e eu fomos nesse mesmo festival há alguns anos. Acho que foi uma das primeiras viagens que fizemos juntos. Eu amei. Mas fazia tanto frio de noite! Era congelante! A gente nem pensou em levar casaco. Tipo, era junho, pelo amor de Deus, onde já se viu isso? Bom, aprendemos na marra que o clima lá é diferente..."

Todos sabemos que esse é um jeito eficaz de acabar com uma conversa. Está para nascer alguém que diga: "Adoro a companhia daquela pessoa! Amo o jeito como ela me interrompe assim que começo a falar. E a mania que ela tem de continuar falando e falando, repetindo a mesma coisa... tipo, que demais né? Eu simplesmente adoro!".

Ainda assim, por mais claramente irritante que seja esse comportamento, não analisamos a fundo de onde ele vem. É um sintoma de não escutar. Assim que interrompe alguém, você abandona qualquer tentativa de entender a outra pessoa e só se interessa em falar sobre si mesmo. Quando continua tagarelando, você domina por completo a conversa e não deixa espaço para que a outra pessoa se engaje em um diálogo. Ao repetir seu ponto de vista de novo e de novo, você só está provando que pouco se importa com a perspectiva do outro.

Pensar no que você vai dizer enquanto a outra pessoa ainda está falando

Às vezes você já está pensando no que vai responder antes mesmo de a outra pessoa terminar de falar. "Quero começar apontando aquele argumento que ele fez, porque não concordo e tenho alguns pontos a ressaltar sobre esse assunto. Não posso deixar passar, caso contrário vou esquecer o que eu queria dizer e já passou da hora de alguém entender a minha opinião sobre essa questão."

Esse é outro sinal de que você está viajando e escutando no máximo a metade. Você fica ocupado pensando em si mesmo, sem se engajar com a outra pessoa. E não é só você! Geralmente só escutamos as primeiras duas frases ditas por alguém antes que nossos pensamentos comecem a se agitar e nosso cérebro comece a procurar por nossas próprias opiniões, anedotas e ideias.

Anna: Pedi demissão hoje. Foi bem tenso, mas fiquei orgulhosa por ter sido tão destemida. Juntei coragem por dias e finalmente entrei na sala da minha supervisora para conversar com ela.
Walter: Já conseguiu vaga em outro lugar?
Anna: Não, ainda não. Mas…
Walter: Se quer saber minha opinião, não achei essa decisão muito inteligente. Quer dizer, pra que jogar tudo para o alto se você não tem nada em vista? Achei que você não foi esperta, ainda mais agora, quando tudo anda tão incerto.
Anna: Não estou tão mal assim. Considerei os prós e contras antes de tomar minha decisão. E tirei um tempo para pensar no que é realmente importante para mim.

Sejamos sinceros, não há um diálogo de verdade rolando aqui. No fim das contas, muitas conversas se resumem a um revezamento de monólogos. E não, dois monólogos não formam um diálogo.

O reflexo de ajudar-e-aconselhar

Quando somos confrontados com um problema de outra pessoa no meio de uma conversa, muitos reagem como um touro vendo uma bandeira vermelha: avançam de cabeça. Não com perguntas que possam ajudar a esclarecer a situação, mas com orientações, ajuda e conselhos.

"Sabe o que você deveria fazer? Ligar para o fulano e o beltrano. E já tentou...?"

A intenção pode até ser nobre, mas carrega certa dose de egocentrismo: o interlocutor está preocupado principalmente em "resolver" e "consertar", quando poderia estar ouvindo, tentando entender o problema e fazendo perguntas sobre o estado, os motivos e as experiências da pessoa com quem está falando. No fim, o conselho dado geralmente diz tudo sobre a pessoa que o dá e muito pouco sobre a pessoa que está compartilhando um problema ou situação. Embora geralmente nossa intenção seja oferecer ajuda ou dar um conselho, a outra pessoa pode não estar pedindo ou interessada na tal "ajuda".

Mais para a frente, na Parte Dois, eu falo mais sobre por que o nosso impulso de dar conselhos nessas situações nem sempre funciona como desejamos. Lá, vamos ver os tipos diferentes de empatia com mais profundidade, descobrindo por que às vezes ela pode não ser a melhor solução ou resposta, mesmo quando achamos o contrário.

O psicólogo Huub Buijssen, que escreveu um livro inteiro sobre o assunto,[3] tem isto a dizer:

> Geralmente, não vemos a hora de aconselhar alguém. Parece que achamos que é isso que a outra pessoa está

pedindo. Afinal de contas, ela está apresentando um problema e claramente quer uma solução. E oferecer ajuda é bom, aumenta nossa sensação de felicidade e autoestima. Mas, não importa quão tentador seja bolar uma solução para os problemas dos outros, é uma tentação à qual você deve resistir.[4]

A tendência ou reflexo de dar conselhos, oferecer ajuda ou compartilhar nossas próprias experiências pode até trazer bem-estar, mas é um dos fatores-chave que nos impedem de fazer perguntas excelentes. No fim, a outra pessoa fica melhor encontrando a resposta por conta própria. Uma resposta que faça jus ao seus próprios valores intrínsecos e seu senso do que é a vida. Às vezes é difícil organizar essas coisas na mente. Você precisa da ajuda de alguém. Não alguém que chegue com conselhos bem-intencionados, mas alguém que faça as perguntas certas – aquelas que vão te ajudar a pensar com mais clareza.

Passei pela mesma coisa! (Mas comigo foi pior)

Algumas pessoas têm o dom de sequestrar uma conversa. Lá está você, voltando de férias nas Maldivas e morrendo de vontade de contar tudo. Você respira fundo, pronto para compartilhar as coisas que fez e viu, quando outra pessoa se intromete e, com entusiasmo, toma posse da conversa: "Ah, as Maldivas, passamos nossa lua de mel lá! Tão lindo! Visitamos várias ilhas e...".

Não há frustração maior em uma conversa do que quando alguém sequestra sua história, começa a contar uma história paralela e fica falando para sempre. Às vezes até querem competir: "Maldivas? Ah, isso não é nada! A gente deu meia-volta ao mundo quando nos casamos. Visitamos o Chile, a Costa Rica e Cuba. Foi a melhor viagem de todas!".

Aqui também, o caminho para o inferno das conversas geralmente é pavimentado com boas intenções. Escorregamos no "reflexo do eu" para que a outra pessoa saiba que estamos felizes por ela, e empolgados para afirmar isso com nossas próprias experiências. Nossa intenção é criar um vínculo, mostrar que estamos na mesma página. Mas obtemos o exato oposto: decepção, irritação e a probabilidade de que a outra pessoa simplesmente abandone a conversa.

Resumindo, geralmente somos fracos em fazer perguntas por causa dos nossos reflexos conversativos. Assim que alguém apresenta uma narrativa, expõe um problema pessoal ou faz uma pergunta, só ficamos felizes em aconselhar, oferecer ajuda ou complementar com nossas próprias experiências em um campo similar. Estamos mais preocupados com nós mesmos do que com a pessoa com quem estamos conversando. Queremos nos conectar, convencê-la de que estamos ao lado dela, mas pulamos do barco no processo. Ironicamente, nossa performance leva essa pessoa a não se sentir remotamente vista ou ouvida, e a probabilidade de que ela perca o interesse é grande. E, no pior dos casos, ela pode acabar pensando duas vezes antes de começar outra conversa conosco.

Fazer perguntas não é legal – falar sobre si mesmo é!

Não me surpreende que sejamos tão rápidos em jogar nossos pontos de vista em uma conversa e pensar sobre nós mesmos, ainda que a outra pessoa esteja falando. Na verdade, há uma explicação muito lógica: é bom! Literalmente.

Pesquisas mostram que falamos sobre nós mesmos 60% do tempo.[5] E se olharmos para nossas interações nas redes sociais – Instagram ou Facebook, por exemplo –, esse número dispara para 80%. Parece que há poucas coisas de que gostamos mais do que contar ao mundo o que nos irrita, nos chateia ou nos alegra. Glorificamos nossos sucessos e lamentamos nossas reclamações. Tudo isso como estrelas do show: eu, euzinho e eu mesmo.

Há também uma explicação biológica concreta para isso: pesquisas mostram que falar sobre si mesmo – sobre o que está na sua cabeça, compartilhar informações pessoais – faz o cérebro produzir dopamina, uma substância que te dá uma sensação maravilhosa de intoxicação.

Cientistas da Universidade Harvard estudaram esse fenômeno.[6] Em um experimento analisado por ressonância magnética, pediram que 195 indivíduos discutissem sobre suas próprias opiniões e traços de personalidade, assim como opiniões e traços dos outros. Então, foram observadas as diferenças na atividade neurológica entre o que os participantes disseram sobre si mesmos (elementos autocentrados) e o que disseram sobre os outros (elementos externo-centrados).

Três áreas do cérebro se destacaram. Como esperado, alinhado com uma pesquisa prévia, a autodeclaração (falar sobre si mesmo) gerava níveis maiores de atividade no córtex pré-frontal médio, uma área geralmente associada a pensamentos sobre si. Entretanto, duas outras áreas também se destacaram no experimento – áreas nunca antes associadas a esse tipo de pensamento: o núcleo *accumbens* e a área tegmental ventral. Ambas fazem parte da via mesolímbica dopaminérgica, que é ligada às respostas de recompensa e às sensações de prazer associadas a estímulos como sexo, drogas ou comidas gostosas.

O fato de esses sistemas cerebrais serem ativados quando você fala sobre si mesmo sugere que se autoafirmar, compartilhar sua história e falar sobre si mesmo são atos intrinsecamente tão prazerosos quanto fazer sexo, se drogar ou se empanturrar. Isso explica por que as pessoas são naturalmente motivadas a falar mais sobre si mesmas do que sobre outros assuntos, independentemente de quão interessantes esses assuntos sejam. Falar sobre si mesmo é – por natureza – muito mais proveitoso. E te oferece outros benefícios muito mais imediatos (aquele barato delicioso de dopamina!) do que fazer perguntas.

Sócrates argumentaria que nossa própria história não é tão interessante assim. Para ele, as conversas verdadeiramente intensas e enriquecedoras devem ser encontradas no que outras pessoas estão pensando, na exploração dessas outras convicções e eventos. Tornar-se mais sábio é um esforço conjunto, e a mente de outra pessoa é o lugar onde você pode encontrar novos pontos de vista.

Um professor de filosofia que tive fez, certa vez, uma distinção interessante entre "opiniões" e "ideias" durante uma aula. Ele propôs que as opiniões precisam pertencer a alguém; que são visões que tiramos por conta própria. Se forem questionadas, sentimos que *nós* estamos sendo questionados indiretamente. As ideias, por outro lado, não pertencem a ninguém. Uma ideia é exatamente isto: uma ideia. É uma coisa que está aberta à discussão. Você pode questionar uma ideia, desafiá-la, fazê-la de gato e sapato. Quando trocamos ideias, você entra na conversa de igual para igual. Trocamos pontos de vista, fazemos perguntas e nos tornamos mais sábios juntos.

Questione-se:

- Agora que você leu sobre essas armadilhas nas conversas, quais dela você reconhece em si mesmo? Você tem tendência a dar conselhos? De falar sobre si?
- Da próxima vez, tente prestar mais atenção: Quais efeitos de ajudar, aconselhar ou dominar o assunto em suas conversas você percebe na pessoa com quem está falando? Ela se sente mais energizada ou desencorajada?
- Como você se sente quando alguém dá conselhos que você não pediu durante uma conversa?
- Como você reage quando alguém compara experiências pessoais com as suas?

MOTIVO NÚMERO DOIS
Medo de perguntar

Perguntas são assustadoras

Quando entrevistei pessoas sobre fazer perguntas, uma das coisas que questionei foi: "O que te faz decidir não fazer uma pergunta?". Creio que todos podem se identificar com as respostas que recebi.

Quando se trata de fazer perguntas, temos medo de três coisas:

1. Deixar a outra pessoa desconfortável.
2. A dor e o desconforto que podemos sentir em nós mesmos.
3. Conflitos, discussões e aborrecimento generalizado.

Lembro de ter escutado um podcast com a entrevistadora Anne Neijnens no qual ela perguntava ao escritor Jan Geurtz em quantos relacionamentos ele estava no momento.[7] Não é uma pergunta tão estranha quanto parece: ela sabia que Geurtz tinha uma visão ampla sobre monogamia e já mantivera vários relacionamentos ao mesmo tempo. Geurtz se recusou a responder, considerando a pergunta "pessoal demais", e Anne ficou profundamente envergonhada. Porém, ao mesmo tempo, ela tinha certeza de que a resposta seria de interesse genuíno dos seus ouvintes, especialmente porque a entrevista era centrada em relacionamentos, amor, conflitos, monogamia e tudo mais.

Sigrid van Iersel, contadora de histórias e entrevistadora, conhece muito bem esse medo de fazer certos tipos de pergunta.

> A coisa mais difícil sobre fazer perguntas é prever como a outra pessoa pode reagir. E pensar se a sua pergunta pode deixá-la encabulada. Ou ter medo de confrontá-la com algo de que ela possa ter vergonha. Ou com algo muito pessoal. As perguntas que mais me envergonham são aquelas que tocam em algum tipo de vulnerabilidade. Há problema em perguntar a um homem com uma deficiência visível o que ele não pode mais fazer, ou do que mais sente falta? Eu ousaria perguntar a uma mulher que mal sabe ler e escrever se ela gostaria de ver uma versão transcrita da nossa entrevista? Afinal de contas, ela não é praticamente analfabeta? Acabei perguntando isso, mas me senti desconfortável. E o desconforto foi mais meu do que dela. Ela já havia superado fazia muito tempo a vergonha sobre sua deficiência linguística. Perguntar sobre vulnerabilidades continua sendo uma questão difícil. Projetamos nossa noção de vergonha na outra pessoa, nos preocupamos se ela vai

> achar o assunto desconfortável ou, talvez, combativo. Isso fala com a nossa própria vulnerabilidade. Eu sei que me culparia se não julgasse corretamente. Então, acabo não fazendo a pergunta. Ao mesmo tempo, porém, isso me parece uma oportunidade perdida.[8]

Sigrid acertou na mosca. Temos medo de fazer perguntas pertinentes, porém potencialmente constrangedoras, que possam fazer alguém se sentir desconfortável. Porém, geralmente são essas perguntas que nos levam a uma conexão genuína, porque muito do que realmente importa na vida está localizado na zona da vulnerabilidade. Somos rápidos demais em presumir que alguém ficará relutante a responder a uma pergunta em particular.

Nosso próprio desconforto – ou o medo dele – pode ser outro motivo pelo qual engolimos certas perguntas. Ao redor dos grandes eventos da vida, como nascimento, morte e doenças, há questões que podem ser dolorosas ou pessoais demais para serem abordadas. Tocar em assuntos como câncer ou morte pode parecer muito diferente caso você tenha perdido alguém recentemente ou tenha recebido um diagnóstico indesejado. Não há nada de estranho nisso, é claro. É compreensível que você não sinta coragem suficiente para fazer perguntas sob essas circunstâncias, pelo medo de desencadear sua própria dor, desconforto ou até mesmo lágrimas.

Cerca de oito anos atrás, antes de começar minha pesquisa sobre o questionamento filosófico, aprendi uma lição pessoal importante quando evitei uma pergunta por medo. Na época eu trabalhava como treinadora de cavalos e instrutora de equitação, e uma das minhas pupilas era Caroline, uma garota adorável com quem eu me dava muito bem. Ela tinha uma égua linda, destreinada, e nós começamos a trabalhar juntas com o animal. Nos víamos praticamente toda semana para uma sessão. Mas então fiquei um tempo sem receber notícias dela. Um verão inteiro se passou até que ela me mandou uma mensagem dizendo que seu pai havia morrido de repente, dois meses antes. Foi por isso que ela não manteve contato. É claro que enviei meus sentimentos e desejei o melhor. Mas, quando nos encontramos algumas semanas depois para uma sessão, não tive coragem de perguntar sobre seu pai.

Achei que seria constrangedor e desconfortável demais puxar esse assunto, e disse a mim mesma que Caroline provavelmente preferiria se concentrar no treino da sua égua sem que eu provocasse seu luto. Tempos depois, ela me disse que havia ficado muito triste por eu não ter perguntado sobre o pai dela. Como nos dávamos muito bem, ela sentira a necessidade de compartilhar seus sentimentos comigo, mas achou que eu não tinha interesse. Naquele dia, aprendi uma lição muito importante: não deixar que o meu próprio desconforto e dor ditem quando devo ou não fazer uma pergunta.

Nós preferimos não causar

Concordar é mais seguro que discordar. As diferenças de opinião são assustadoras. Elas carregam o medo da rejeição, da exclusão. A última coisa que alguém quer é ser evitado pelo grupo, por qualquer razão que seja, e uma opinião que diverge da norma é um motivo tão poderoso quanto qualquer outro. Talvez seja por isso que estamos inclinados a abrir concessões quando se trata das nossas próprias crenças.

Uma jovem que compareceu ao meu curso de Pensamento Crítico resumiu essa tendência perfeitamente: "Quando me pedem uma opinião, eu geralmente espero e analiso. Ouço com cuidado para ver o que os outros têm a dizer. Só ouso formar minha própria opinião depois que sei o que todo mundo pensa a respeito".

Antes que você possa se dar conta, já estará embarcando em uma opinião com a qual, sinceramente, você nem concorda, e mais tarde naquele dia ficará sentado no sofá com raiva de si mesmo por não ter dito o que realmente pensa.

O clima em um grupo geralmente está no seu melhor estado quando todos concordamos uns com os outros. Quando estamos comemorando um aniversário, evitamos entrar em debates acalorados, e dessa forma reforçamos inconscientemente aquele senso de união e harmonia do grupo fazendo perguntas "delicadas", porém seguras. Nossa necessidade de harmonia e afirmação de nossos próprios valores e crenças nos leva a fazer perguntas elaboradas para agradar os outros na direção de uma resposta socialmente aceitável, não importa o grupo no qual estejamos. É um modo de manter o clima amigável.

Fazer perguntas sobre tópicos raciais, políticos, de gênero ou climáticos também carrega certo risco. Esses assuntos são cheios de emoções, experiências, visões políticas e objetivos pessoais. Uma conversa pode começar com algo inocente como um artigo que alguém leu e, antes que você possa perceber, a discussão fica muito mais acalorada. Então, você corre o risco de que aquele debate acalorado se torne uma briga explosiva, com batidas de porta, gritos dos quais você pode se arrepender depois ou, pior: silêncio. Um silêncio longo e arrastado.

Acho importante sermos capazes de nos engajar nesse tipo de conversa difícil. Mais adiante neste livro, vou ajudar você a desenvolver habilidades questionadoras e conversativas, para que, quando esses tópicos sensíveis forem trazidos à tona, você saiba discuti-los de um jeito socrático calmo, reflexivo e com a mente aberta.

Fazer boas perguntas – abertas, sinceras, curiosas – é um tiro no escuro: você formula uma pergunta, uma pergunta genuína. Você a envia para o mundo e espera. Você não preenche as lacunas, não torce por uma resposta específica nem a carrega com conselhos. Você não a enfeita com opiniões e experiências próprias, e não aprova nem desaprova a resposta do outro. E, sim, há o risco de que a outra pessoa discorde de você, e de que aquela conversa amigável mude para pior.

Uma pergunta pode tirar alguém do eixo e trazer tensão à conversa. Você pode sentir vergonha ao ouvir uma pergunta "rude" ou se sentir culpado por perturbar a outra pessoa. Mas não há necessidade de vergonha ou culpa quando lidamos com essas perguntas de um jeito diferente. Mesmo sem intenção, deixamos as coisas muito difíceis para nós mesmos como sociedade: geralmente jogamos a culpa do nosso desconforto em quem fez a pergunta. Dizemos aos nossos filhos: "Isso não é coisa que se pergunte!". Categorizamos certas perguntas como "impróprias", "grosseiras" ou "pessoais demais". Ou dispensamos alguém com uma resposta breve e um comentário do tipo: "é meio inapropriado perguntar esse tipo de coisa". E, se você for em frente e fizer aquela pergunta tensa, porém sincera, corre o risco de ser julgado por isso. A vergonha que isso traz é algo que preferimos não vivenciar, que dirá repetir, então evitamos perguntas que possam ser um pouquinho mais profundas e tirar alguém da sua zona de conforto. As mesmas perguntas que carregam o potencial de uma boa conversa e uma conexão sincera. Criamos uma cultura de questionar se é melhor fazer as boas perguntas ou correr o risco da censura: nós criamos uma cultura de não perguntar.

É um paradoxo estranho. Quando não ousamos fazer perguntas por causa das nossas crenças, vulnerabilidades ou do medo da rejeição e da chateação entrarem no caminho, resta apenas uma opção: fazemos suposições. Preenchemos as respostas para outras pessoas, com base nas nossas próprias experiências. Decidimos o que elas devem estar pensando ou sentindo. Que escolha nós temos? Afinal de contas, se você não se permite fazer as perguntas que importam, não sobra muita coisa para trabalhar.

Questione-se:

- Quando você *não* faz uma pergunta? Do que tem medo? De deixar o outro desconfortável? Do seu próprio medo? Ou você teme conflitos e brigas?
- Você já engoliu uma pergunta que queria muito fazer? Se lembra do que te fez tomar essa decisão?
- Quando você pensa que sabe o que a outra pessoa deve estar pensando ou sentindo? Quando você faz suposições sem conferir antes? Consegue se lembrar de um exemplo específico?
- Já se pegou tentando controlar a conversa ao formular uma pergunta de um jeito específico? Como você percebe que está fazendo isso?

MOTIVO NÚMERO TRÊS
Ganhar pontos

Ter uma opinião é muito mais recompensador do que fazer uma pergunta

Outro motivo pelo qual relutamos em fazer uma pergunta quando desejamos é o fato de que perguntar não causa uma grande impressão. Perguntar significa que você está curioso para saber a resposta. Significa que você quer saber, e, sendo assim, implica que há alguma coisa que você não sabe – pelo menos por enquanto. Talvez sua pergunta sugira que você está em dúvida. E duvidar não parece algo descolado ou sensual. Duvidar não te faz marcar pontos, nem fica bonito no seu currículo. A dúvida é a antítese de um bom currículo. Você não pode aproveitar os aplausos nem fazer a volta da vitória se estiver ocupado fazendo perguntas o tempo todo. Não é algo que vai te fazer se destacar na multidão, aumentar sua popularidade ou te dar uma promoção. Os anúncios de vagas de emprego raramente buscam uma pessoa "questionadora e habilidosa que faça perguntas de qualidade e seja excelente em suspender o próprio julgamento". É mais comum, no mundo de hoje, que a demanda seja exatamente o oposto: líderes, tomadores de decisão, pessoas que inspiram e assumem o controle, empreendedores, pessoas que sabem o que pensam e falam com confiança.

Uma das coisas que eu queria saber ao escrever este livro era: "Por que às vezes uma pessoa se envergonha da pergunta que quer fazer?". Um dos meus entrevistados respondeu: "Fazer uma pergunta mostra que há algo que você não sabe. É comum as pessoas evitarem perguntas justamente por esse motivo. Aparentemente, preferimos continuar ignorantes a parecer burros".

Logo de cara associamos "não saber" com "ser um idiota". Em seu livro *A coragem de ser você mesmo*, Brené Brown escreve:

> Não me lembro de uma única vez no ano passado em que alguém me perguntou sobre alguma questão e eu não dei minha opinião. Mesmo se eu não soubesse o bastante a respeito para ser perspicaz ou até mesmo para puxar papo [...]. Em uma sociedade onde todos querem se encaixar – em casa, no trabalho ou na nossa comunidade mais ampla –, a curiosidade é vista como fraqueza, e perguntar se iguala a antagonizar, em vez de ser valorizado como aprendizado.[9]

Quando categorizamos o não saber ou o duvidar como algo inferior, criamos o terreno ideal para opiniões desinformadas em vez de boas perguntas. No esforço de mascarar nossa própria incerteza, tentamos transformar nossa conversinha durante o café em análises bem pensadas. Para evitar parecermos bobos cheios de dúvidas, fingimos saber tudo a respeito do que estamos falando.

Alguém que faz perguntas, alguém que tem dúvidas, é incerto. E alguém que é incerto não vale a pena ser ouvido. Como parte dessa motivação para parecer competentes, gostamos de apresentar opiniões como fatos.

Janine Abbring é uma figura altamente respeitada na televisão holandesa, uma voz poderosa por trás do programa satírico de atualidades mais popular do país, *Sunday with Lubach*. O programa bombou internacionalmente quando sua "mensagem de vídeo" com o recém-eleito Donald Trump – *America First, Holland Second* – viralizou na internet.[10]

Com credenciais como essa, Janine Abbring poderia parecer a convidada ideal para a versão holandesa do quiz de comédia sobre notícias *Have I Got News For You.*[11] Durante o programa, Janine explica que não tem uma opinião imutável sobre nada, e o apresentador responde: "Nesse caso, o que você está fazendo aqui?".

O também âncora e comediante Peter Pannekoek a desafia. "Mas você trabalha no *Sunday with Lubach*, um programa que se esforça para se posicionar sobre todo tipo de questão."

Janine responde: "Sim, mas quando estamos trabalhando no programa levamos um bom tempo para chegar a essa posição. Isso é algo que eu valorizo demais".

Com isso, o resto do painel começa a lançar opiniões do tipo: "Quer saber? Por que não fazemos todos uma pausa para ir ao banheiro enquanto você reflete em silêncio sobre sua opinião?".

Depois, Janine falou sobre essa experiência em uma entrevista com o jornal holandês diário *de Volkskrant*:

> Eu nunca formo uma opinião instantânea sobre nada. Geralmente duvido de mim mesma. E, naquele quiz de notícias, o apresentador ficou bem irritado com isso. Ele me perguntou o que eu achava sobre o político populista Thierry Baudet. Estavam claramente esperando uma resposta curta e grossa – ei, isso é TV, afinal –, mas, quando sou colocada sob os holofotes daquele jeito, meu cérebro trava e só consigo dizer: "Ah, hum, me dá um segundo, porque por um lado eu

> penso que... hum...". Em determinado momento, o apresentador gritou: "Você tem opinião sobre alguma coisa?". Foi bem desconfortável.[12]

A impaciência do apresentador não foi nem um pouco excepcional. Verbalizar uma opinião direta só para se encaixar, ou para parecer espertinho, é algo que invadiu o coração da nossa cultura e se tornou virtualmente um requisito para participar do debate público no geral. Declarar aquela opinião do jeito mais forte possível parece ser algo muito melhor a fazer do que duvidar ou ficar em silêncio. Porém, ao mesmo tempo, vale a pena perguntar como isso contribui para o bem-estar da sociedade. Mudar de opinião é visto como fraqueza, mas essa é a mais pura essência da "perspectiva ágil".

Duvidar não é algo que gostamos de cultivar. Tradicionalmente gostamos de ter certeza, de saber nossa opinião. Os seres humanos não prosperam na dúvida, quando não têm uma verdade pronta e reconfortante em mãos. Nosso cérebro não sabe ao certo como lidar com finais abertos. E uma pergunta, especialmente uma que permanece sem resposta, é um tipo de final aberto. A necessidade que temos de resolver essa tensão é o motivo pelo qual os finais abertos funcionam tão bem na TV. Não há maneira melhor de fazer as pessoas continuarem assistindo do que colocando uma virada na trama bem no desfecho de um episódio e entregando uma imagem final que deixa tudo em aberto. Será que o herói vai salvar o dia? Aquele jovem estranho é mesmo o filho perdido dela? Emissoras e serviços de streaming fazem uma grana com perguntas não respondidas e finais abertos, porque nós desejamos uma resolução satisfatória.

Nos velhos tempos de caçar e colher, quando ficávamos de tocaia nos arbustos com lanças afiadas para emboscar animais selvagens, respostas rápidas eram exatamente o que precisávamos. Habilidades como saber onde encontrar comida rapidamente, e o melhor jeito de matar e preparar, eram vitais para a nossa sobrevivência. A última coisa de que precisávamos enquanto humanos pré-históricos lutando pela sobrevivência era uma pergunta. Nesse sentido, nós humanos não somos programados para "não saber". Parecemos programados para algo mais rápido do que tirar um tempo e refletir sobre uma questão, ou explorar um tópico importante.

No momento em que pergunto "Que horas são?" ou "O que tem pro jantar?", você já começa a procurar uma resposta. É o que o cérebro faz. Ele busca a informação solicitada, traça ligações com os fatos, analisa o que pode ou não pode fazer com eles e já vai para a etapa seguinte. Em meio à praticidade do dia a dia, responder a perguntas rapidamente é uma habilidade útil. Mas nós aplicamos essa mesma tendência a perguntas maiores e que nem sempre têm respostas diretas e inequívocas. Devo mudar de carreira? Serei mais feliz se eu me divorciar? Sou uma boa pessoa?

Como somos acostumados a procurar – e encontrar – respostas rapidamente, esse também é o nosso reflexo quando se trata de questões grandiosas da vida. Mas, quando deparamos com discordâncias fundamentais, julgamentos de escolhas de vida, esse reflexo pode se virar contra nós. Em situações assim, às vezes é melhor encarar o não saber.

Formuladores de perguntas – não formadores de opinião

Uma nova profissão surgiu do nosso desejo de ganhar pontos ao verbalizar opiniões: o formador de opinião. Formadores de opinião são pessoas que adotam um ponto de vista e gritam a plenos pulmões com a intenção de encorajar outras pessoas a pensarem como eles. Eles bombardeiam os outros com opiniões e geralmente demonstram a flexibilidade de um bloco de cimento. "Formador de opinião" me soa estranho. De certa forma, eles são quase como nossos roteiristas, fornecendo frases para nós quando não temos nenhuma. Aparentemente, precisamos de um roteiro. Será que esquecemos como pensar de maneira independente e como elaborar nossas próprias opiniões bem fundadas e com nuances?

Os formadores de opinião podem oferecer um foco afiado. Podem incentivar nosso pensamento e nos fazer ver as coisas sob uma perspectiva diferente. Mas é só colocar uma opinião severa contra outra e você terá as condições perfeitas para a polarização. Qualquer senso de nuance é banido para as margens, lançando um último olhar decepcionado antes de mergulhar nas sombras. Essa batalha de opiniões pré-produzidas também nos deixa preguiçosos: podemos simplesmente relaxar e escolher aquela de que mais gostamos. E quando é criado outro jeito mais apelativo de expressar a visão oposta, mudamos de lado prontamente. Como quem escolhe uma jaqueta nova, experimentamos opiniões diferentes e vemos como elas nos vestem. Talvez até tenha um pouco das minhas opiniões e crenças em algum lugar ali, mas a maior parte é obra de um monte de outras pessoas que vêm fazendo todo o trabalho pensante por mim.

Dada a velocidade com a qual opiniões são lançadas ao público atualmente, as pessoas não têm mais um espaço amplo para ordenar seus próprios pensamentos. No tempo necessário para preparar uma xícara de chá, uma opinião novinha em folha pode invadir seu cérebro. Rob Wijnberg, fundador da plataforma alternativa de notícias *The Correspondent*, resume muito bem o ritmo frenético das coisas: "Geralmente leva [...] algumas horas, no máximo, para que qualquer notícia seja soterrada de comentários feitos por um exército de políticos, formadores de opinião e jornalistas, mesmo antes de ter ficado claro exatamente o que aconteceu ou o que foi dito".[13]

A habilidade de dizer "eu não sei" e de manter a boca fechada enquanto você leva um tempo em silêncio para formular cuidadosamente uma pergunta pode ser tão necessária quanto as opiniões alardeadas pelos formadores de opinião.

Talvez seja a hora de apresentar uma nova profissão para a área da mídia: os formuladores de perguntas. Pessoas contentes em admitir que não sabem ainda, que estão mais focadas em fazer perguntas que nos ajudam a desenvolver nosso pensamento do que em formular as respostas. Formuladores de perguntas que iniciem uma escola de pensamento que promova calma, contemplação e reflexão. Formuladores de perguntas que não divulguem uma proposição, mas que explorem uma questão com espírito questionador. Que façam perguntas que levem você a pensar, perguntas que convidem os outros a se engajar na conversa. Perguntas feitas para aprofundar, esclarecer e desenvolver novas perspectivas.

Esses formuladores de perguntas podem fazer aparições frequentes em painéis de discussão e programas de entrevistas. Podem escrever colunas nos jornais de domingo. Com o puro propósito de abastecer os espectadores e leitores com perguntas que alimentem o pensamento, na convicção de que uma boa pergunta move as coisas, enquanto uma resposta faz as pessoas pararem de pensar.

No meu mundo ideal, apresentadores empolgados de TV finalmente vão dominar aquela pausa constrangedora e deixar seus entrevistados pensarem antes de falar. Eles ficariam em silêncio e engoliriam as chamadas "perguntas que não são perguntas". Como seria o mundo se nossos programas de TV, jornais e influenciadores se tornassem formuladores de perguntas? Talvez assim tivéssemos muito menos brigas e interrupções, e encontrássemos mais espaço para conversas difíceis e produtivas.

Às vezes os filósofos ocupam esse papel, e desde 2011 a Holanda tem o equivalente filosófico de um poeta laureado – um pensador laureado – para oferecer ao país perguntas apuradas e novas formas de pensar, alguém que coloca nosso ciclo agitado de notícias em um contexto maior. Mas você não precisa ter um diploma de filosofia ou ser um filósofo laureado para se tornar um formulador de perguntas. Até onde eu sei, o mundo precisa de muito mais formuladores de perguntas do que temos.

Questione-se:

- Você reconhece essas tendências em si mesmo?
- Você já expressou uma opinião antes de pensar direito, só para causar boa impressão?
- Você tem coragem, como Janine Abbring, de dizer que não sabe ou que ainda não formou uma opinião sobre o assunto quente do momento?

MOTIVO NÚMERO QUATRO
Falta de objetividade

Nossa habilidade de raciocinar objetivamente está em declínio

Em uma sociedade na qual opiniões são tão valiosas quanto fatos, a objetividade automaticamente desaparece. Esse é outro motivo pelo qual não fazemos mais perguntas e pelo qual, quando fazemos, elas geralmente não têm foco. Gostamos de insistir que todos têm direito a sua própria verdade. "Bom, essa é sua opinião e você tem todo o direito a ela." Ou "Você tem sua verdade e eu tenho a minha". É um elemento definidor do nosso jeito de ver a vida ultimamente: todos têm sua própria verdade, que precisa ser levada muito a sério.

Essa verdade pessoal, consagrada em nossas opiniões, está presente na formação da nossa identidade, e é algo que não gostamos de ver sendo questionado. Que dirá ter flexibilidade suficiente para revisar nossas visões e opiniões. Objetividade? Hum… o que é isso mesmo?

Em uma entrevista para o jornal nacional diário holandês *Trouw*, o filósofo Daan Roovers disse:

> As pessoas acham que cada declaração que você faz ou cada preconceito que você expressa merece uma proteção especial. Eu acho que isso é um grande mal-entendido. A liberdade de expressão é um direito político concedido aos cidadãos em seu relacionamento com o governo. Não às crianças em relação aos seus pais ou cidadãos em relação uns aos outros. E essa liberdade

> inclui uma predisposição para questionar sua própria opinião e aceitar críticas de outros. Essa é a natureza do debate público.[14]

Assim que uma opinião é formada, é difícil dispensá-la, mesmo diante de argumentos convincentes. Pesquisas recentes mostram que as pessoas se agarram às suas opiniões com muito mais força quando são confrontadas por evidências que provam o contrário.

Em seus livros, o filósofo e biólogo flamengo Ruben Mersch investiga como isso funciona ao olhar para alguns experimentos psicológicos. Estes incluem o seguinte experimento de pensamento de Jonathan Haidt, da Universidade de Nova York, um especialista em psicologia moral:

> Julie e Mark, que são irmãos, estão viajando juntos na França. Os dois estão em férias de verão da faculdade. Certa noite, eles estão sozinhos em uma cabana perto da praia. Eles decidem que seria interessante e divertido se tentassem fazer amor. Seria, no mínimo, uma nova experiência para ambos. Julie já está tomando pílula anticoncepcional, mas Mark também usa camisinha, só para garantir. Os dois gostam da experiência, mas decidem não repeti-la. Eles guardam aquela noite como um segredo especial entre os dois, o que faz com que se sintam ainda mais próximos um do outro.[15]

Haidt apresentou essa situação para um grupo de pessoas e perguntou o que elas achavam do comportamento de Julie e Mark. Todos o desaprovaram e o chamaram de errado e imoral, mas ninguém foi capaz de produzir um argumento convincente para sustentar seu ponto de vista. Falando de maneira objetiva, nenhum crime foi cometido e não havia risco de gravidez. Tanto o irmão quanto a irmã consentiram e não causaram mal a ninguém. Em outras palavras, as convicções expressadas pelos entrevistados não eram baseadas no conhecimento ou em fatos, mas puramente no instinto.

Usando esse e outros exemplos, Mersch demonstra que nosso instinto geralmente ganha da razão. As pessoas continuam defendendo seus pontos de vista, sentimentos ou crenças, mesmo quando os fatos e números contradizem seu julgamento. "Tendemos a usar fatos como um bêbado usa um poste", ele escreve. "Não para iluminar, mas simplesmente como apoio." O tempo todo buscamos provar que estamos certos, e assim filtramos as informações que encontramos de maneira que elas se encaixem no nosso ponto de vista. "Não questionamos a realidade; nós a torturamos até ela confessar o que queremos ouvir", Mersch escreve.[16]

Em outro de seus livros, Mersch considera um experimento que envolve um exame de ressonância magnética, que mede a atividade cerebral e é capaz de registrar o que acontece no cérebro quando temos uma resposta emocional. Agora, imagine três indivíduos sendo testados. O primeiro recebe um tapa poderoso. Sem surpresas, o exame vai registrar uma resposta emocional bem forte. O segundo é submetido a toda forma de abuso verbal. Seu exame será pouco diferente do primeiro. A terceira pessoa é bombardeada com argumentos que são exatamente opostos às suas convicções mais profundas. E, adivinhe só: o terceiro exame mostra o mesmo resultado. Um tapa, um abuso verbal ou uma opinião indesejada: para o seu cérebro, é tudo a mesma coisa. Você não está pensando racionalmente; está em modo de sobrevivência.[17]

Fazer perguntas – sinceras e curiosas – pode significar muito bem ter que revisar suas próprias opiniões. E tudo dentro de nós resiste a fazer isso. Preferimos estar seguros em nossas convicções erradas do que em um estado de incerteza justificável. No nível instintivo, uma pergunta desafiadora nos coloca em modo de sobrevivência porque parece uma ameaça para nossa atividade.

É claro que isso não se aplica a perguntas factuais como "Onde você mora?", mas é difícil evitar se sentir pelo menos um pouco agitado quando alguém decide questionar suas declarações e espera que você explique por que você disse o que acabou de dizer.

Declaração: "Não acredito em hierarquias. Quer dizer, todo mundo é capaz de assumir sua própria responsabilidade, não é? Organizações hierárquicas simplesmente não funcionam."
Pergunta: "Por que organizações hierárquicas não funcionam?"

Declaração: "Não tenho nada contra a homossexualidade. Nada mesmo. Só não quero ser confrontado por ela."
Pergunta: "Então, você pode me explicar o que há na homossexualidade que te faz não querer ser confrontado por ela?"

A neurocientista cognitiva Tali Sharot disse isso sobre o assunto, em uma entrevista ao diário holandês *Trouw*:

> Nossas crenças são parte de quem somos. Informações que vão contra elas ameaçam o cerne da nossa personalidade. Então, nós resistimos. Não queremos questionar nossas crenças e quem nós somos. As crianças acreditam nos pais se eles disserem que viram um elefante rosa voando no céu, porque para as crianças o mundo ainda é completamente novo. Elas geralmente notam que muitas coisas estranhas acabam sendo possíveis. Mas os adultos têm crenças mais fortes que não se abalam facilmente. Em muitos casos, isso é justificado. No geral, nossas suposições estão corretas: a gravidade existe, o sol nasce e se põe, não existem elefantes cor-de-rosa voando por aí. Esse mecanismo dificulta muito o ato de mudar crenças injustificadas.[18]

Quando te fazem uma pergunta, a obrigação de dar uma resposta significa que você precisa pensar. Basicamente, isso significa que você está sendo convidado, ou até mesmo desafiado, a revisar ou mudar sua atual posição, reformular sua opinião ou admitir que está errado. Você está sendo convidado a treinar sua "perspectiva ágil". Abrir espaço para a objetividade significa ousar abrir mão da declaração "Esta é a minha verdade".

Uma das primeiras discussões socráticas nas quais me envolvi era centrada na pergunta: "O amor pelos seus filhos é incondicional?". Seis pessoas participaram e mais da metade concordou que, sim, o amor entre pais e seus filhos é incondicional. Uma delas, Sarah, foi particularmente franca em sua visão: "Tenho dois filhos e eu simplesmente sei que sempre vou amá-los. Não importa o que façam, o amor vai continuar. Haja o que houver. Sempre".

Outra participante do grupo queria questioná-la sobre essa convicção tão profunda: "Como você pode ter tanta certeza de que o amor vai permanecer, independentemente do que eles fizerem?".

"Olha… eu simplesmente *sei!*"

Um terceiro participante perguntou: "E se um dos seus filhos matar alguém num acesso de raiva? Seu amor continuaria forte?".

"Bom, hum… que exemplo mais esquisito!", ela começou a responder, indignada. "Quer dizer, como eu respondo a uma coisa dessas?"

Aguentar sermos questionados, suportar sermos desafiados, aceitar o convite a considerarmos as coisas de maneira mais profunda, a refletir e às vezes até mesmo a examinar o que dizemos ou pensamos: todas essas coisas nos deixam ansiosos, e preferimos evitá-las quando possível. Afinal de contas, boa parte da nossa identidade vem das nossas crenças e convicções. Por trás das nossas declarações e opiniões há toda uma forma de ver o mundo e a natureza humana. Não é à toa que parece haver muita coisa em risco quando somos forçados a dar um passo atrás e recuar. O reflexo é o de proteger o que você sabe. Nem tanto aquela visão específica que você acabou de expressar, mas a grande convicção que há por trás e sustenta toda a sua identidade naquele momento.

Nesse caso, quando sua opinião foi pressionada, Sarah evitou responder à pergunta e reagiu na defensiva. Ela claramente não desejava olhar criticamente para sua convicção sólida e criticar sua própria verdade. Ela nem sequer considerou a possibilidade de que o amor por seus filhos poderia não ser incondicional como ela acreditava. Porém, o propósito de filosofar é encarar perguntas como essa. Ela acabou conseguindo, porém precisou cavar fundo. Outra pessoa reformulou a pergunta para ela, com toda a calma: "Imagine uma situação em que um dos seus filhos assassinou alguém por nenhum motivo aparente, nem autodefesa. Seu amor por aquela criança continuaria forte igual, ou mudaria?".

Ela ficou quieta por um tempo, se encolheu, se mexeu na cadeira e finalmente suspirou. "Não. Sendo bem sincera, acho que nesse cenário meu amor iria mudar. E talvez haja algo condicional nesse amor, afinal de contas."

Questione-se:

- Quando você reage na defensiva?
- Você é aberto a fatos que obstruem sua visão e ameaçam sua verdade? Ou você acha isso difícil?
- Lembre de uma pergunta que fez você se sentir desconfortável: o que você não queria encarar naquela época? Você estava defendendo ou protegendo?
- Você já fez alguma pergunta que levou a outra pessoa a reagir na defensiva, ou a deixou desconfortável ou nervosa? Que convicção você acha que ela estava tentando proteger?

MOTIVO NÚMERO CINCO
Impaciência

Nós achamos que fazer boas perguntas é perda de tempo (e não temos tempo de sobra)

Outra resposta interessante ao meu questionário "O que te impede de fazer perguntas?" veio de um treinador de atividades no setor da saúde.

"Tem vezes em que eu não faço perguntas, e geralmente é porque não sei se a outra pessoa está ocupada... ou acho que está! Ela não parece ter paciência para uma boa conversa ou para entrar em detalhes se eu perguntar alguma coisa. Ultimamente todos só querem respostas curtas e rápidas que mostrem suas opiniões, enquanto fazer perguntas exige uma atitude completamente diferente. Faça uma boa pergunta e há chances de ser chamado de esquisito, alguém preso no passado. Não há tempo – ou melhor, muitas pessoas não levam tempo – para explorar uma questão com profundidade. E isso envolve fazer boas perguntas."

Acho que ele estava certo. Não temos, e não levamos, tempo para explorar. Nosso desejo é nos mover o mais rápido possível. Aquele sentimento reconfortante que temos ao pensar que sabemos as coisas é, com certeza, agravado pela sensação de que uma exploração sincera e curiosa daquilo que achamos que sabemos é excedente aos requisitos. Quem precisa se irritar em um processo que consome tempo quando já estamos tão ocupados? E, assim, deixamos tudo para lá. Presumimos equivocadamente que uma boa conversa consome nosso tempo, quando na verdade ela costuma economizar tempo. Quantos erros de comunicação poderiam ser evitados? Quantos projetos fracassados e incompatibilidades colaborativas seriam diferentes se todos tivessem tempo para se reunir e analisar as coisas com um pouco mais de aprofundamento, para fazer mais algumas perguntas e entrar em alguma reflexão coletiva sobre o essencial?

Ariane van Heijningen é uma filósofa prática e estrategista organizacional que fundou sua própria agência, chamada Denkplaats, que significa "um lugar para pensar". Ela me contou sobre as discussões pensantes que promove dentro de empresas, e que o primeiro passo é sempre identificar a natureza exata do problema. Ela já viu situações em que o conselho executivo ou a equipe administrativa acham que o problema está em um lugar onde ele não está. A receita está baixa, por exemplo, e todos saem imediatamente à caça de soluções, lançam uma campanha para atrair investidores – esse tipo de coisa. Mas às vezes não é ali que o problema está. Talvez a empresa precise ter outro tipo de discussão primeiro.

Pode ser que um elemento da cultura da empresa não esteja certo. Ou que um produto, antes popular, não conseguiu se manter relevante com o tempo. Ou alguma outra coisa. Mas pra que se descabelar tentando arranjar uma solução sem estar claro, em primeiro lugar, qual é a natureza do problema? Quando uma empresa decide se unir a uma filósofa prática como Ariane, é isso que ela está tentando encontrar. Tendo discussões feitas para pensar melhor nas coisas. Usando o questionamento sistemático, como o método socrático, ela trabalha para trazer a pergunta real, o problema real, à superfície:

> Em uma discussão socrática, você aplica a lógica na tentativa de descobrir a verdadeira história, de apontar

os momentos em que as pessoas contradizem a si mesmas ou aos outros, de identificar suposições escondidas e abri-las para a discussão. Isso te dá a oportunidade de assumir uma visão diferente e de tomar decisões diferentes. Na minha experiência, as pessoas ficam contentes em ter esse tipo de discussão porque isso dá a elas espaço para pensar. O que não quer dizer que seja fácil, ou que seja uma solução rápida. Se vocês permanecerem curiosos e tentarem chegar ao cerne do problema juntos, pode levar um tempo, mas, em nove entre dez vezes, vocês chegarão a uma decisão melhor e mais eficiente. No fim das contas, o tempo investido compensa o tempo que será poupado.[19]

Conduzir uma discussão ou diálogo pensante não apenas leva tempo – também exige disciplina. E isso é algo que está em falta. Costumamos jogar a culpa pelos nossos hábitos na falta de tempo: simplesmente temos pouquíssimo tempo para entrar em uma boa conversa e fazer uma pergunta bem pensada. Mas, com certa frequência, o que falta na verdade é disciplina. Só que não há motivo para se culpar também. Como ter disciplina em algo que você nunca praticou? No entanto, essa falta de disciplina é outro motivo-chave da falta de profundidade em nossas conversas e da ausência de boas perguntas guiando essas conversas.

Tire um tempo – muito tempo – e faça uma pergunta diferente

Há pouco tempo, em colaboração com dois colegas da filosofia prática, tive uma discussão filosófica com os diretores e administradores de uma instituição médica. Eles estavam dispostos a se engajar em uma exploração filosófica sobre seus novos valores essenciais: coragem, admiração e confiança. Uma vez que eles queriam fazer mais do que só conversar, conduzimos um exercício experimental relacionado a cada valor. As experiências dos participantes proveriam, então, os ingredientes para uma discussão socrática.

Dei a eles o seguinte exercício: em duas frases ou menos, escreva algo que te chateou ou irritou nas últimas semanas. Depois, dividimos os participantes em duplas. Um participante lia sua irritação enquanto o outro ouvia em silêncio por um minuto inteiro. Depois do silêncio, o ouvinte tinha permissão para fazer uma única pergunta. A resposta não importava. O que importava era a experiência de ouvir uma história, sabendo que você teria que fazer uma pergunta e tendo um minuto para pensar a respeito.

O resultado foi fascinante: o minuto de silêncio pareceu um pouco desconfortável no início, e ouvimos risadinhas. Mas em poucos segundos as risadas deram lugar à concentração. Ao fim do exercício, as duplas trocaram experiências e todos os participantes disseram que as perguntas que foram feitas após o minuto de silêncio eram diferentes aquelas que vieram à mente primeiro.

Ao serem demandados a comparar a pergunta inicial com a que de fato foi feita, eles declararam sem exceção que a pergunta pós-um-minuto era a melhor entre as duas. Como um participante disse, "As primeiras perguntas que surgiram na minha cabeça não eram tão interessantes. Para ser sincero, elas estavam mais voltadas a uma resposta em particular, ou ao meu próprio divertimento. Mas a pergunta na qual eu pensei depois do minuto de silêncio chegou ao cerne da questão e fez minha dupla pensar".

Embora tenhamos o costume de concluir logo de cara que fazer uma boa pergunta leva tempo, também é correto dizer que tirar um tempo para formular uma boa pergunta salva seu tempo. A qualidade da pergunta – e consequentemente da resposta – melhora quanto mais atenção você dá a ela. Ou, como dizem, se você quer acelerar, é melhor desacelerar primeiro.

Questione-se:

- Você simplesmente supõe que fazer perguntas leva tempo?
- Quando você se sente inclinado a se precipitar?
- Quando você recorre a uma solução rápida em vez de fazer perguntas que importam?

MOTIVO NÚMERO SEIS
Falta de competência

Ninguém ensina

Eu já fui uma maquininha de perguntas. Uma mosquinha persistente que continuava zumbindo até receber uma resposta. Uma daquelas crianças que vivem perguntando "Por quê?", levando os pais à loucura.

"Mamãe, por que tem um balão grande no céu?"

"Porque as pessoas gostam de balões e querem ver o mundo lá do alto."

"Por que as pessoas querem ver o mundo lá do alto?"

"Porque elas gostam de como ele parece, imagino."

"Podemos fazer isso? Subir num balão grande?"

"Podemos, mas não vamos."

"Por que não vamos se nós podemos?"

"Bom... hum... porque sim!"

Dificilmente eu me contentava com a resposta óbvia. Por trás de toda pergunta que eu fazia, outra pergunta já estava pronta para ser disparada. Eu queria as respostas por trás, por cima, ao lado e embaixo da primeira que eu recebia. Quando o interrogatório ficava longo demais, meus pais recorriam ao clássico "Porque sim". É um jeito de dispensar a criança e evitar uma conversa infinita. E é uma mensagem não tão sutil para as crianças de que fazer perguntas não é necessariamente bem-visto. Compreensível, é claro. É preciso tempo e paciência para lidar com a natureza questionadora de uma criança, para cuidar e nutrir sua mente curiosa. Mas vale a pena. Vale a pena investir tempo tanto para responder com sinceridade quanto para fazer suas próprias perguntas, mantendo seus filhos pensando e iluminando a imaginação.

Pensar com flexibilidade, ter uma atitude questionadora, examinar um tema ou assunto por todos os lados e elaborar as respostas: todas essas coisas são naturais para as crianças, mas plante-as no sistema de educação moderno e aquela mudinha vai secar rapidamente. Desde o ensino primário até o ensino médio, passando pela faculdade até o mercado de trabalho – tirando um punhado de esforços nobres e iniciativas dignas, como aulas de filosofia e pensamento crítico para crianças –, fazer perguntas e adotar uma atitude filosófica e questionadora estão distantes da norma. Ainda estou para encontrar um colégio primário que ensine conscientemente a arte de pensar e fazer perguntas, embora essa seja uma habilidade fundamental para a vida. A habilidade de pensar criticamente, de questionar pontos de vista próprios e dos outros e de adotar múltiplas perspectivas produz adultos de mente apurada que sabem se conectar melhor uns com os outros. E nós precisamos de pessoas assim, agora mais do que nunca.

Algumas escolas usam seus recursos em projetos de arte para que as crianças pensem criativamente, ou colocam o raciocínio filosófico em seus currículos. Mesmo assim, o processo pode ser difícil. Os professores geralmente acham que, para conduzir uma discussão genuinamente questionadora em sala de aula, precisam abandonar o papel para o qual foram treinados: alguém que supervisiona o ensino de um currículo escolar e deve fornecer aos alunos as respostas certas. Melanie Eijdems, que dá aula para alunos entre dez e doze anos, participou de uma das minhas oficinas, chamada Filosofando em Sala de Aula, feita para professores nos anos finais do ensino primário. Ela me disse:

> Como professora, você é basicamente treinada para fazer perguntas que despertem o conhecimento. Ao testar o conhecimento dos seus alunos, você pode ver se eles entenderam a lição. Foi só nos últimos anos que começamos a prestar mais atenção nas perguntas que fomentam a habilidade dos alunos de pensarem criticamente.

Provavelmente essa nova tendência vem do foco atual nas "habilidades do século 21", uma delas sendo o pensamento crítico.[20]

Melanie sente que essa atividade exige muita prática, especialmente para professores mais tradicionais, que não estão acostumados a pensar e trabalhar dessa forma:

> Como professora, eu faço perguntas genuinamente amplas, mas elas são mais relacionadas a questões pessoais. Como está sua avó agora? Como você se sente em relação a isso? O que posso fazer por você? Fazer perguntas similares no contexto de uma lição específica pode ser complicado. Significa colocar de lado meu papel de "supervisora" e me tornar genuinamente curiosa sobre as respostas dos alunos.

O relato de Melanie é bem parecido com outras histórias que escuto de professores quando conduzo oficinas e treinamentos em escolas primárias. Primeiro eles precisam enfrentar as tradições da profissão do magistério – tradições estabelecidas há anos. Além disso, há a pressão do trabalho, o acompanhamento pelos diretores e as expectativas dos pais, tudo isso limitando o espaço para a criatividade e as boas conversas.

As interações com pais de alunos fizeram Melanie perceber que a sociedade prioriza o conhecimento em detrimento da criatividade ou das habilidades de pensar. Os pais, assim como os diretores de escola, estão focados primeiramente em resultados. Há pais que praticamente exigem que os filhos se qualifiquem nos níveis mais altos para o ensino fundamental, e que enxergam como um fracasso do professor se a avaliação mais realística da escola não condizer com suas próprias ambições para os filhos. Como Melanie diz:

> Enquanto, por exemplo, o professor da educação infantil tem tempo para observar a criança e oferecer

a ela recursos para evoluir em várias áreas criativas, os pais no parquinho se gabam dizendo "meu filho de seis anos já sabe ler, escrever, somar e subtrair". O fato de que "minha filha de oito anos canta como um anjo ou ama desenhar" não parece nem um pouco relevante. As demandas cada vez mais altas impostas pelos pais e pela sociedade frequentemente significam que as matérias que trabalham outras habilidades além de aritmética, leitura e escrita acabam sendo reduzidas por muitos pais como "só brincadeira". Porém, brincar e ter discussões abertas e vivas são exatamente as coisas que permitem às crianças desenvolver mentes questionadoras e atitudes criativas.

Certa vez dei um curso sobre Pensamento Criativo e Crítico em uma escola primária. Dei aos professores a tarefa de criar e executar um processo criativo para seus alunos. O objetivo era dar aos alunos controle total dos seus processos, pensamentos e escolhas. Em resumo, as crianças deveriam trabalhar de maneira independente, baseadas em um tema. Ellen, professora do ensino fundamental, disse: "Na minha turma, há uma ênfase muito grande em 'perder ou ganhar'. Isso tem tido um impacto muito negativo na maneira como as crianças interagem no recreio. Eu gostaria de mostrar a eles que ganhar ou perder não importa, e que eles podem se divertir juntos mesmo assim. É isso que eu gostaria de fazer nessa aula criativa. Tudo bem?".

Durante outra sessão de treinamento, sobre discussão filosófica na sala de aula, uma professora de estudos religiosos confessou: "Tive uma discussão em sala sobre o tema: 'Você só pode rezar em um local de adoração?', mas não consegui me segurar e, mais perto do fim da aula, comecei a compartilhar meu próprio ponto de vista sobre o tema. Porque eu realmente acredito que é assim que eles deveriam pensar sobre o momento de rezar".

Até mesmo quando se trata de filosofia ou arte, os professores tendem a controlar as ideias que emergem durante as aulas. Eles têm muita dificuldade em se soltar e dar autonomia às crianças, e se sentem quase responsáveis por expressar suas próprias visões. Isso é reforçado pelo fato de que as crianças não estão acostumadas a ter aquele nível de liberdade e geralmente dizem coisas como: "Mas você vai nos dar a resposta certa daqui a pouco, não vai, profe?".

O jeito como organizamos nosso sistema de educação afeta em grande escala a habilidade das crianças de pensar por conta própria, se são capazes de adotar uma atitude questionadora ou se ousam fazer perguntas. Sinceramente, a maior parte da educação hoje em dia tem mais a ver com restringir essas habilidades do que com desenvolvê-las.

Os cursos de magistério também não treinam futuros professores em suas habilidades de questionar. Anne Baudine, uma professora em treinamento, me disse durante uma oficina de Pensamento Crítico em sua escola: "Filosofia é parte do meu programa de estudo, mas geralmente se limita a um resumo histórico dos filósofos e suas ideias. Quando se trata de manter discussões profundas, ou de deixar meus alunos bolarem suas próprias perguntas... não tenho ideia".

A falta de habilidade questionadora e de uma atitude curiosa e aberta nas escolas primárias também é sentida na educação superior e no mercado de trabalho. Lá, também, teoria e conhecimento geralmente são o centro de tudo, embora pouca ênfase seja dada ao treinamento e desenvolvimento de uma atitude questionadora de aprendizado. Porém, a necessidade de ter essas habilidades não para de crescer.

O professor Jan Bransen, filósofo e cientista comportamental na Universidade Radboud, na Holanda, é defensor ferrenho de uma reforma educacional. Ele argumenta que a ênfase atual da educação em adquirir e testar conhecimento é baseada na noção de que o conhecimento e sua aplicação são duas coisas diferentes. Na visão de Bransen, o conhecimento só é verdadeiro quando pode ser expresso em uma ação profissional em qualquer circunstância, e não é limitado à situação X ou Y. Para permitir esse tipo de acesso ao conhecimento, a educação precisa focar três coisas: socialização, desenvolvimento pessoal e qualificação. Bransen acredita que é crucial que, em um mundo em que tantas fontes de informação estão disponíveis, os jovens aprendam a analisar criticamente tais informações e a distinguir opiniões de fatos. Essa capacidade de pensar criticamente é pouco treinada e nutrida no nosso sistema de educação atual, que continua obcecado pela transferência de conhecimento e por maneiras de acessá-lo.[21]

Questione-se:

- Pensando em retrospecto na sua criação e no seu tempo de escola, quais valores você absorveu quanto a fazer perguntas? Era algo apreciado e estimulado? Ou era desencorajado?

Compreender os motivos pelos quais você não faz perguntas pode te ajudar a fazer as coisas de um modo diferente. Quando você sabe que está sendo impedido pelo medo ou pelo ego, fica mais fácil identificar e alterar essa dinâmica dentro de si. Quando se dá conta de que você está soltando uma opinião só para causar uma impressão quando, na verdade, preferiria fazer uma pergunta, essa consciência pode te ajudar a agir diferente da próxima vez. E quando você compreende que fazer a pergunta certa vai *poupar* seu tempo, em vez de desperdiçar, é mais provável que você se arrisque.

Mas a consciência é apenas parte do quebra-cabeça. Depois de entender por que você evita fazer perguntas, por que faz perguntas tão terríveis, e decide que quer melhorar – por onde começar? A próxima parte deste livro é sobre isto: o básico da atitude socrática e os fundamentos para fazer boas perguntas. Assim que você começar a fortalecer essa atitude, perguntas mais recompensadoras e relevantes vão surgir de maneira muito mais natural do que antes.

PARTE DOIS

SUA ESSÊNCIA: A ATITUDE SOCRÁTICA

"Sabedoria é como um baobá: ninguém consegue abraçar sozinho."
Provérbio ganês

De zero a herói: despertando seu Sócrates interior

Dentro de mim vive um mini-Sócrates. Ele usa uma capa do Batman que voa ao vento, e ocasionalmente fica um pouquinho fanático com a ideia de salvar o mundo e bate de cara em uma parede de tijolos. Não é à toa que o meu Sócrates interior tem um curativo permanente no nariz.

Todo mundo tem um pequeno Sócrates dentro de si. Alguns estão adormecidos ou relaxando de boa, palitando os dentes. Outros estão mergulhados em uma história em quadrinhos, viciados em um videogame ou devorando um pote de sorvete. Mas, potencialmente, todos esses Sócrates são capazes de cumprir o propósito de sua vida: se manter curiosos e "sem saber", prontos para o desafio e preparados para fazer perguntas latentes. Desperte o seu Sócrates interior e você encontrará um pote de ouro. Suas conversas serão mais divertidas e satisfatórias, e observar as pessoas ao redor será mais fascinante do que sua série favorita da Netflix.

O que podemos aprender com Sócrates e outros filósofos práticos, como Epiteto e o estoicismo, é como eles foram capazes de trazer profundidade às conversas ao fazerem perguntas. Como eles alimentaram o pensamento das pessoas. Eles entravam em diálogos que iam muito alem do padrão de opiniões que formam as conversas de hoje em dia. Ao despertar seu Sócrates interior, suas conversas se tornarão mais ricas, mais profundas e talvez até mais filosóficas.

Então, o que exatamente é uma atitude socrática?

Sócrates acreditava que apenas o homem que conhece a si próprio, e sabe que não sabe de nada, tem espaço para o conhecimento verdadeiro. Na Parte Um descobrimos que um dos nossos maiores problemas é o amor enraizado por respostas. Sem falar na nossa prontidão em achar que sabemos de tudo, e no nosso gosto por preencher as lacunas e fazer suposições. A solução – o caminho para fazer perguntas melhores – está em confrontar a suposição de que podemos ter certeza de algo.

Sócrates foi a personificação da atitude questionadora: uma perspectiva definida pela surpresa, por não saber, por uma falta quase tola de suposições. Para ele, nenhuma área estava fora dos limites – nem mesmo as coisas de que geralmente temos certeza, as coisas que parecem absurdamente óbvias. Ele abria tudo para a discussão ao fazer pergunta atrás de pergunta. É achar que temos certeza das coisas que nos impede de fazer as perguntas importantes.

No trabalho, por exemplo, todos são ávidos para cooperar uns com os outros, porém as empresas raramente tiram um tempo para perguntar: o que *é* cooperação? Fazer essa pergunta, por mais fútil que pareça e independentemente de quão óbvia seja a resposta, resulta em conexão e compreensão mais profundas. Revela que o John do marketing tem uma visão de cooperação completamente diferente da Laura do financeiro e do Carl do RH. Pode consultar qualquer dicionário que quiser, mas uma definição de "cooperação" como "ação ou operação em conjunto"[1] não vai te levar muito longe no que diz respeito a considerar as implicações práticas do significado real de cooperação. Afinal, que forma esse "conjunto" deve assumir? Quais ações precisam ser praticadas, com qual frequência, por quanto tempo e por quem? E como exatamente nos sentimos sobre "operar em conjunto", para começo de conversa?

Essa atitude questionadora do não saber é natural para as crianças. Elas ficam constantemente encantadas, animadas para investigar e fazer perguntas maravilhosas. Porque elas sabem que há um monte de coisas que ainda não sabem. Você pode adotar uma atitude questionadora em relação a tudo e todos: a si mesmo, a um artigo de jornal, às notícias, a uma fofoca quentinha. É uma atitude que busca o não saber, uma atitude que pode ser desenvolvida por você, para você, e ninguém mais precisa estar envolvido.

Mas como treinar essa atitude questionadora socrática, que é essencialmente o oposto do que adultos estão acostumados a fazer? Uma atitude questionadora não é algo que se desenvolve da noite para o dia, assim como você não perde aqueles quilinhos extras depois de ir na academia uma vez... quem me dera! Para ver os resultados, é preciso treinar, desenvolver estamina e manter sua rotina recém-descoberta em dia. O mesmo se aplica a sua mente.

Como os devotos da ioga e da meditação costumam dizer, "é uma prática". E a prática leva à perfeição. Se você quiser dominar alguma coisa, precisa fazer regularmente, seja treinando seu corpo ou focando sua mente. A atitude socrática não é diferente, e conduzir conversas pensantes também requer um pouco de prática. A prática exige tempo, concentração, dedicação e transformar os pensamentos em ação: para desenvolver uma atitude socrática, você precisa se comprometer.

Como treinar uma nova atitude socrática?

O primeiro passo para desenvolver uma atitude questionadora socrática é estar ciente do seu próprio pensamento: tanto o que você pensa quanto como pensa. Só assim você pode mover seus pensamentos para a direção correta, ajustar quando necessário e abrir espaço para perguntas genuínas. *O que* e *como* são duas entidades muito diferentes. *O que* significa descobrir as convicções que sustentam seu processo de pensamento, geralmente sem que você perceba. E depois tem o *como*. Você pensa rápido ou devagar? Por associação ou por lógica? Como os gregos antigos diziam: conhece-te a ti mesmo. Só quando souber o que você pensa e como pensa poderá moldar conscientemente seu processo de pensamento e criar espaço para que outra coisa evolua.

Tente observar seus próprios pensamentos sempre que possível. Quanto melhor você conhecer seu modo de pensar, mais fácil se torna reconhecer padrões e se livrar deles mais tarde. Observe seu pensamento sem julgamento. Não é grande coisa descobrir que você está julgando os outros ou a si mesmo. Não se preocupe se sua mente divaga no meio de uma conversa, ou se você se pega se concentrando nas próprias preocupações ou fazendo uma lista de compras. Simplesmente registre o que está acontecendo e volte sua atenção para a conversa em curso.

Um exercício prático para observar seu próprio pensamento

Você pode observar seu próprio pensamento a qualquer momento, só que você não vai querer infligir esse processo na pessoa com quem está conversando. Tente ouvir o rádio ou uma entrevista na TV, ou observar uma conversa entre duas pessoas sem participar. Fique bastante ciente do que você está pensando. Quais pensamentos estão se passando na sua cabeça? O que chama sua atenção? Você ainda está acompanhando a entrevista ou sua atenção foi tomada pela discussão que você teve com um amigo, ou em pensamentos sobre o que vai fazer para o jantar? Não julgue seu pensar, simplesmente perceba o que está acontecendo. Talvez sua mente tenha a tendência a divagar e você esteja se coçando para responder ao que está ouvindo. "Sim, eu também!" "Não, eu nunca faria isso!" "Caramba, que coisa estúpida para se preocupar!" Treinar seu pensamento e desenvolver uma atitude socrática começa com um foco claro no que você está fazendo, aqui e agora.

Há algum tempo eu estava dirigindo e escutando rádio. O apresentador estava entrevistando a modelo Loiza Lamers. A revista masculina de estilo de vida *FHM* havia acabado de lançar sua lista das mulheres mais sexy do mundo, e Loiza estava entre elas. Seu primeiro contato com a fama veio quando ela se tornou a primeira mulher transgênero a vencer um reality show da franquia *Next Top Model*. O entrevistador falou sobre a lista da *FHM* e perguntou como Loiza se sentia ao ser ranqueada como uma das mulheres mais sexy do mundo. Ela achava que aquele era um momento importante para outras mulheres trans? Era sua missão dar voz à comunidade trans?

Até aí tudo bem. Mas então ele respirou fundo e perguntou do nada: "E... hum... como foi sua primeira vez transando como mulher?". Eu quase bati no acostamento. Sozinha no carro, me peguei gritando: "Seu babaca! Intrometido do caralho! O que *isso* tem a ver?". Não conseguia me lembrar da última vez que fiquei tão furiosa com uma pergunta.

Quando dei um passo atrás para me afastar do meu pensamento, consegui analisar minha ideia inicial – "Que pergunta mais idiota!" – e compreender minha revolta. Eu estava furiosa porque achava que era uma pergunta ridícula, uma pergunta que eu não achava que o entrevistador tinha o direito de perguntar. Era sensacionalismo puro. Não era uma questão nascida do interesse ou da curiosidade genuína, e não acompanhava nenhuma parte anterior da conversa. O fato de eu ter ficado tão brava provou para mim, mais do que qualquer coisa, quão importante é que as perguntas sejam sinceras e criadas com a finalidade da conexão, e não usadas para satisfazer uma curiosidade sensacionalista ou o humor cínico de um ouvinte em potencial.

Independentemente de eu estar certa ou errada em minha fúria, foi um momento puro e intenso que me permitiu observar meus próprios pensamentos e voltar e examinar um por um. Me tornou mais sábia. Meu julgamento imediato me colocou em contato com minhas crenças sobre a essência de uma boa conversa: uma conexão sincera e fazer perguntas que sejam sobre a *outra* pessoa, e aquela busca em destacar a história que *ela* está contando.

Quando a consciência do seu próprio pensamento se estabelece, você pode começar lentamente a conduzir aquele pensamento. Quando você perceber que está se distraindo, traga sua atenção de volta para a pessoa com quem está conversando. Se se sentir preso em seu próprio mundo, clareie a cabeça, volte e se recomponha para que possa mais uma vez ouvir com atenção o que a outra pessoa tem a dizer. Se você for catapultado para uma reação emocional ou um julgamento, como aconteceu comigo naquele dia no carro, recue um passo e examine os valores nos quais aquele julgamento é baseado. Isso exige uma boa dose de prática, concentração e disciplina, mas é a condição-chave para fazer boas perguntas.

A atitude socrática: abraçando a admiração

Se a admiração fosse uma personagem de uma história, ela seria tímida. Ela se fecharia se tivesse muita conversa ao seu redor. Ao ser encarada com olhares cruéis, suspiros cínicos e comentários maldosos, ela ficaria em silêncio. Um pouco sensível demais talvez, ela fugiria ao menor sinal de ameaça de seu arqui-inimigo, o "julgamento". Ela saberia do que precisa, mas não conseguiria pedir. A admiração existiria pela graça do espaço que receberia, não do espaço que ocuparia. O que não é muita coisa. Ao receber tempo e espaço, ela se acomoda no cantinho e simplesmente observa. Ela olha, escuta, repara e busca o vazio em si mesma para que possa encontrar a outra pessoa com a mente limpa e o coração aberto.

"A filosofia nasce da admiração." Nosso herói Sócrates disse isso também, séculos atrás.[2] Um dos elementos-chave de uma atitude questionadora é a admiração. Como conceito, não é tão fácil de descrever. O dicionário diz que "grande surpresa"[3] é um sinônimo de admiração, mas para mim há uma diferença sutil. Você tende a se surpreender quando há algum nível de choque em uma situação

– quando a última coisa que você esperava acontecer de repente acontece. Por exemplo, seu amigo sempre atrasado pode te surpreender se, do nada, chegar ao trabalho dez minutos mais cedo.

Admiração é mais sutil. Admiração é uma escolha. Posso olhar para a mesma situação com ou sem admiração. A escolha está tanto na situação quanto na maneira como escolho perceber se tenho ou não aquela experiência como garantida. Estou ciente de que a Terra não é o único planeta no nosso sistema solar, de que há outros planetas e de que todos eles orbitam ao redor do Sol. Posso levar isso como um fato ou escolher contemplá-lo com um senso de admiração. Apreciar o fato de que é incrível que todos esses planetas existam, de que somos realmente pequenos.

Quando uma das minhas melhores amigas me contou que estava grávida, fui tomada pela admiração. Quão incrível foi saber que, mesmo enquanto conversávamos, o início de uma nova vida estava se formando dentro dela. Um novo ser humano, que um dia se tornará um adulto e desenvolverá suas próprias ideias e traços de personalidade pelo caminho. Admirável em todos os sentidos. Ainda assim, é possível ver o mesmo fenômeno como algo completamente ordinário: quer dizer, já perdi a conta de quantos chás de bebê frequentei nos últimos cinco anos.

Outro exemplo que todos podemos identificar: nuvens. Certamente não há uma pessoa sequer que, em algum momento, não tenha se deitado na grama e pensado: "Nossa, as nuvens são uma coisa especial. As pessoas naquele avião lá no alto, olhando para elas de cima. E eu aqui embaixo, olhando para o alto. E aquela ali, que parece um crocodilo com asas!". Ainda assim, há dias em que mal paramos para dar um segundo de admiração para aquelas bolotas fofinhas.

O mesmo princípio, escolher a admiração, pode se aplicar a situações cotidianas. Quando normalmente eu poderia ser rápida ao categorizar, arquivar ou concluir, também posso escolher olhar para uma situação com admiração. Um momento de irritação ao passar tempo com minha mãe, meu parceiro, um amigo – Por que ele está reagindo tão emotivamente? Por que não conseguimos ter uma conversa normal pra variar? – pode se tornar algo diferente se eu encontrar um jeito de olhar para aquilo com um sincero senso de admiração. Em vez de me prender aos meus julgamentos, a admiração pode abrir portas para perguntas genuínas. O que está fazendo meu amigo perder a paciência assim? Consigo notar as suposições por trás da decepção dele? E como estou respondendo a elas? Quais suposições estou fazendo sobre essa conversa?

Admiração significa olhar além do que parece óbvio. Tem a ver com querer enxergar quão especial algo pode ser. Podemos escolher usar esse senso de admiração, deixá-lo entrar em nossa vida e nutri-lo. Antes de se dar conta, seu dia já pode estar cheio de barulhos e muitas opiniões, deixando pouco tempo para a admiração. Isso significa que devemos reivindicar, criar um espaço para ela. Não vai acontecer sozinho – envolve nadar contra a correnteza por um tempo. Mas, quando reivindicamos e criamos um canteiro fértil, a admiração vai se acomodar contentemente naquele solo e crescer. E, em pouco tempo, ela vai se enraizar com mais firmeza dentro de você.

Exercício: treine seu músculo da admiração

Sente-se em um local movimentado. Em uma praia, ou em um café na calçada. Dê uma boa olhada nas pessoas ao redor, observe-as. Analise os detalhes, veja como elas interagem umas com as outras. Tente não categorizar, apenas observe e se mantenha curioso. Se você notar julgamentos borbulhando dentro de você ("Que jaqueta mais feia!" ou "Olha pra ela, perambulando como uma barata tonta!"), veja se consegue mover seu humor para um pouco mais perto da admiração. Questione-se. Qual é a daquela jaqueta? Quais características ela tem? Qual efeito a linguagem corporal daquela garota está tendo na pessoa com quem ela está conversando? O que aqueles gestos podem dizer sobre ela? Você provavelmente se pegará lançando olhares mais demorados e intensos, e prestando mais atenção aos detalhes. E talvez comece a aproveitar sua própria companhia um pouco mais.

Treino avançado do músculo da admiração

Quando se sentir confiante o bastante para mostrar mais o seu músculo da admiração, pode aceitar um desafio maior. Saia da observação não comprometida e vá para uma em que você se sinta mais envolvido. Uma observação que te perturbe. Que mexa com você. Aposto que você conhece alguém que sempre te irrita. Alguém que engatilha uma resposta em particular. Antes de trocar duas palavras com essa pessoa, você já está pensando: "Tava demorando! Lá vamos nós de novo".

Mas desta vez tente deixar a irritação de lado e entre em uma nova interação com o senso de admiração. Veja essa pessoa como uma companheira. Em vez de pensar "Lá vamos nós de novo!" ou "Que comentário grosseiro!", tente permanecer com sua nova perspectiva. Por que será que ele disse isso? O que está se passando na cabeça dele neste exato momento? O que ele está tirando dessa intenção? Essas são apenas algumas perguntas que podem vir à mente. A chave é realmente sentir a admiração e ser sincero com suas perguntas. Se não for, o processo pode se tornar um exercício elaborado de sarcasmo, e isso não será nada bom para você.

A atitude socrática: curiosidade – querer muito saber

Se você quer ter uma conversa satisfatória, uma coisa importa mais do que todas as outras: você precisa estar interessado no que a outra pessoa tem a dizer. E curioso a respeito do que ela pensa, das suas experiências e de como ela percebe o mundo. Porém, isso é algo em que geralmente falhamos, e entramos em um diálogo que, secretamente, está mais interessado em nós mesmos.

Depois de fazer um curso sobre Pensamento Crítico alguns anos atrás, eu estava empolgada para contar tudo sobre a minha experiência para um colega. Meu professor optou por uma abordagem não convencional, que me empolgou bastante, então expliquei tudo para a turma, os métodos que ele usou e os exercícios que fizemos. Não demorou muito para o meu colega opinar: "O que ele pensa que está fazendo?", disse ele. "Sendo um professor, ele deveria dar espaço para as pessoas. O que ele fez foi superirresponsável!"

Me peguei rebatendo com um "sim... mas" depois do outro, determinada a defender minha posição e convencer meu colega do contrário. "Sim, eu entendo aonde você quer chegar, mas na hora não me pareceu nem um pouco intimidador. Dentro do método dele fez muito sentido e..."

Enquanto dirigia de volta para casa, me dei conta do que havia acontecido. Nenhum de nós dois segurou nossos julgamentos.

Na verdade, nós os soltamos, sem estarmos totalmente informados. Meu colega com seu julgamento do curso e do professor que eu descrevi, e eu com o julgamento de que a resposta do meu colega era descabida e exagerada. Rapidamente ficou claro o que faltou: uma curiosidade genuína sobre os pontos de vista um do outro. E as perguntas genuínas que poderiam ter sigo geradas.

Estávamos os dois agarrados às nossas convicções. Eu queria convencer o meu colega de que aquele professor e seu método eram inspiradores, enquanto ele estava determinado a explicar por que o professor falhara em respeitar a integridade dos alunos. Nenhum de nós estava interessado em compreender melhor o ponto de vista da outra pessoa – só em encontrar formas melhores de expressar o nosso.

Meu colega poderia ter sido mais curioso sobre o método e sobre a minha experiência. "Então, por que exatamente esse professor optou por essas intervenções em particular?" "Qual efeito isso teve nos alunos?", enquanto eu poderia ter sido curiosa sobre o que fez meu colega expressar uma opinião tão forte. "O que exatamente nesse método você desaprova?" "Por que acha errado?" "É sempre responsabilidade do professor fazer todos se sentirem seguros, ou os alunos deveriam tomar essa responsabilidade para si?" Aposto que teríamos uma conversa muito mais satisfatória se nós dois déssemos um passo para trás. Mas, quando pisamos no pântano do ataque e da defesa, do julgamento e da condenação, é difícil sair.

Você começa a desenvolver uma atitude questionadora quando aprende a se afastar do julgamento e a se aproximar da curiosidade. Do interesse genuíno no processo de pensamento e experiência da outra pessoa. No calor do momento, as coisas podem avançar bem rápido. É só depois que você começa a se dar conta: eu deveria ter reagido assim ou assado, ter perguntado tal e tal coisa. Analisar em retrospecto é importante: da próxima vez que eu tiver uma conversa parecida com alguém, aqueles momentos me deixarão mais alerta e me pouparão de mais um debate de julgamentos. Não há garantia de que vou conseguir, é claro, mas pensar bem nas coisas e desenvolver a intenção é um passo valioso na direção certa.

Você nunca sabe tudo

Manter-se curioso significa reconhecer que há coisas que você não sabe. Você simplesmente não sabe como a outra pessoa experiencia alguma coisa, ou o que ela está pensando e sentindo. A outra pessoa é exatamente isto: outra, diferente de você. E, embora vocês dois possam ter um sogro chato, um chefe intimidador ou alergia a pessoas que nunca chegam na hora, há chances de que, quando você analisa essas experiências, seus pensamentos e sentimentos não sejam exatamente os mesmos que os da outra pessoa com quem você está conversado. Lembre-se: a outra pessoa é sempre a especialista em suas próprias experiências, e geralmente presumimos rápido demais que sabemos tudo sobre ela.

Certa vez dei um curso de treinamento sobre habilidades de conversação e técnicas de questionamento para um grupo de jovens contadores. O exercício deles era se dividir em duplas: um iria descrever uma situação que o irritou, e o outro iria chegar ao cerne da questão. Fiquei parada ouvindo uma das duplas por um tempo. Bart havia acabado de voltar de férias e sua história se passava no aeroporto. “Estávamos prontos para a decolagem às duas da tarde em ponto. Todos estavam embarcados, bagagens guardadas, cintos afivelados. E então… nada! Nada de turbinas ligando, avião na pista. Simplesmente ficamos parados ali. Demoramos 45 minutos até decolarmos."

James assentiu, escutou, murmurou um pouco e disse: "Sim, deve ter sido bem chato". Então, ele tentou bolar uma pergunta. E não conseguiu. Perguntei a ele o motivo.

"Bom, dentre todas as histórias, essa foi bem direta. Tudo faz sentido para mim."

"Você sabe tudo sobre a experiência do Bart?", perguntei.

"Bom, é óbvio, não é? Ele ficou parado num avião esperando. Deve ter sido bem irritante."

"Você sabe por que ele achou irritante?", perguntei.

"Hum… bom… é uma completa perda de tempo."

"Então, para você, o fator irritante seria o tempo. Você acha a perda de tempo irritante. Mas quem sabe? Bart pode ter um motivo completamente diferente. Talvez o tempo perdido não seja uma grande questão para ele. Talvez ele estivesse ansioso com a decolagem. Talvez estivesse com fome, e querendo comer logo a comida de bordo. Você não sabe com certeza."

Quando, então, James perguntou ao Bart o que foi tão irritante sobre o atraso, Bart respondeu: "Ah, sabe como é, ficar preso entre dois assentos no avião. Depois de um tempo seu corpo inteiro começa a travar. Tipo, é tão desconfortável. Por que não deixaram a gente no portão de embarque? Pelo menos teríamos espaço para as pernas!".

Por mais que esse exemplo pareça trivial, é uma ilustração precisa do que geralmente acontece nas conversas: você acha que entendeu a história da outra pessoa; talvez até contribua com algo que já experienciou, e, agindo sob a noção de que tudo já está claro, não faz mais perguntas. Assim que opera nesse modo, seu interesse na pessoa e na história começa a diminuir. Mas, quando você vai além da anedota e começa a usar uma curiosidade real sobre a história da outra pessoa – sobre as experiências, pensamentos, sentimentos e julgamentos dela –, às vezes você descobre informações que nem imaginava que estariam ali.

James viu "tempo" como um conceito principal na situação que Bart descreveu. Porém, o tempo nem chegou perto da experiência do Bart, que estava centrado na noção de "conforto". Retornar com uma pergunta, e se interessar pelo que está passando na mente da outra pessoa, te aproxima dela. Como é de imaginar, isso vai adicionar todo tipo de profundidade às suas conversas. Perceber constantemente que na verdade você não sabe nada sobre os pensamentos e experiências dos outros, e ao mesmo tempo ser curioso a respeito, te ajuda a fazer perguntas melhores que cavam mais fundo.

Um exercício de curiosidade: você é o novato, o outro é o especialista

As crianças fazem isso naturalmente. Os animais também. Então, por que nós adultos sempre erramos? É porque gostamos de achar que sabemos tudo, quando geralmente não temos a menor ideia. O exercício a seguir é um jeito de reparar essa falha.

Converse com alguém seguindo esta perspectiva: eu não tenho a menor ideia e você sabe de tudo. Pense no outro como um especialista no tópico em discussão. Considere suas ideias, julgamentos e opiniões como apenas interessantes. O que *você* pensa sobre o assunto e o que você *acha* que sabe simplesmente não importam. Foque a outra pessoa. O que ela pensa? Quais são exatamente as experiências dela? Ela pode dar mais exemplos? É sempre do jeito como ela descreve? Às vezes é diferente? Se sim, como? Em quais circunstâncias?

Se você fizer isso com frequência, vai notar que suas perguntas nunca vão se esgotar. E se começar a sentir que seu estoque de perguntas está secando, é provavelmente porque você voltou ao campo do "eu sei" ou "eu concordo" sem checar a base da sua resposta.

A atitude socrática: coragem

Perguntas que mergulham além da superfície e ocasionalmente confrontam verdades escondidas não são as coisas mais fáceis de aceitar. Elas têm o potencial de desafiar, surpreender e desequilibrar a outra pessoa. Como resultado, a pessoa que recebe a pergunta acaba tendo que cavar mais fundo e pode até se surpreender com a própria resposta. Fazer perguntas e abrir espaço para as respostas exige coragem e vulnerabilidade. Não dá para saber de antemão se a sua pergunta vai acertar em cheio, ou como ela será recebida. É preciso abandonar certo grau de controle e deixar tudo acontecer. Sua pergunta pode ser desconfortável ou combativa. Você não sabe se a outra pessoa estará inclinada a responder, ou se simplesmente se sentirá desconfortável, irritada ou envergonhada. Às vezes pode parecer que você deu de cara com uma parede.

Conforme descobrimos, nos seguramos na hora de fazer uma pergunta pelo medo de chatear o outro. O que é uma pena. Quantas conversas incríveis você já perdeu só porque não ousou fazer *aquela* pergunta?

Minha amiga Nina sabe exatamente do que estou falando. "Sou casada. Meu marido e eu estávamos chegando naquela idade em que as pessoas geralmente supõem que nós temos filhos. Quando conhecemos gente nova, regularmente somos perguntados se temos, e, quando dizemos que não, é comum ver a outra pessoa engolir em seco, ficando um pouco desconcertada. Quase dá para vê-la pensando: 'Queria perguntar mais, porém não tenho coragem'. Nas poucas ocasiões em que alguém *de fato* perguntou, tivemos as conversas mais recompensadoras. É uma pena que sempre deixemos de fazer as perguntas que mais queremos fazer."

Existem, é claro, muitos motivos pelos quais um casal pode não ter filhos – mas geralmente as pessoas preferem fazer suas próprias suposições ou mudar de assunto a arriscar entrar no que elas temem ser uma discussão que talvez seja difícil. Quando fazem isso, elas evitam a discussão difícil mas, ao mesmo tempo, se privam de uma conversa potencialmente interessante.

Uma boa pergunta sobre um tópico que pode ser delicado com frequência tem o poder de construir uma conexão. No caso de Nina, era ousado perguntar mais sobre sua vida com o marido e o porquê de eles não terem filhos. É simplesmente lógico não querer lançar uma pergunta vazia sobre um tópico antigo, por mais pessoal que seja. Mas, se queremos conversas melhores, mais significativas e verdadeiras, temos que pegar menos leve conosco. Se a situação parece certa e a outra pessoa está disposta a responder àquela pergunta por completo, você pode preparar o terreno para uma troca franca e fascinante.

Precisamos encarar a vulnerabilidade e o desconforto, e ainda assim fazer aquela pergunta delicada. Você pode dar de cara naquela parede, vez ou outra. Seja bem-vindo ao clube! Mas você vai se surpreender com quão frequentemente aquela pergunta delicada e bem pensada é recebida como algo atrativo e agradável, como um convite para se abrir. Mesmo uma pergunta que confronta a outra pessoa com algo desconfortável pode trazer uma experiência positiva e libertadora.

Construir a coragem e um desejo de aceitar o risco de se sentir desconfortável é parte do desenvolvimento de uma atitude socrática.

Uma apresentação esquisita: ousando perguntar

A coach de liderança Monique Linder me contou o que aconteceu no dia em que ela chegou em um seminário chamado Nova Liderança. Uma apresentação de PowerPoint ganhou vida em uma pequena sala escura. Um slide após o outro com gráficos e números. Em poucos segundos, ela estava completamente perdida. O que aquilo tinha a ver com uma nova abordagem de gerência? Ela procurou por sinais de confusão nos rostos dos outros participantes. Nada.

Depois de uns bons quinze minutos, ela finalmente tomou coragem para levantar a mão e perguntar se estava no seminário certo. "Meu coração estava a mil", ela me disse. "Eu senti tanto medo de parecer uma idiota por não ter conseguido esperar o bastante para conectar aquela apresentação com a Nova Liderança. O palestrante começou a folhear seus papéis, nervoso. Depois de um tempo, ele teve que admitir que havia começado a apresentação errada. O resto dos participantes soltou um suspiro coletivo de alívio, e um deles chegou a dizer: 'Passei esse tempo todo pensando: que apresentação esquisita!'."

Fazer uma boa pergunta pode parecer com saltar de um avião. Você não sabe se o paraquedas vai abrir. Não tem ideia se o pouso será suave ou agitado, ou se será bem-vindo no chão lá embaixo. Mas você não faz uma boa pergunta por si mesmo, ou para ter um bom pouso. Você faz uma boa pergunta pela outra pessoa, para que ela possa pensar com mais aprofundamento sobre suas ideias e opiniões, e talvez ela siga em frente vendo as coisas sob uma nova luz. Esse presente para a outra pessoa pode, ocasionalmente, significar uma queda desajeitada para você. Mas, acredite, é um preço que vale a pena pagar.

Exercício: explorando sua própria hesitação

Pense bem naquela pergunta que você sempre quis fazer. Para quem você gostaria de perguntar? Qual exatamente é a pergunta? O que está te impedindo? Medo ou desconforto? Sua própria insegurança? Você tem cem por cento de certeza de que a pergunta não será bem recebida? Pense no que de positivo a pergunta pode trazer. Afinal, você está curioso por um motivo.

Exercício: pergunte apesar do desconforto

Você vai em frente e faz: aquela pergunta complicada, delicada e desconfortável. Se você se pegar pensando no meio da conversa "Eu queria muito fazer essa pergunta agora, mas acho melhor não", arrisque! Pergunte mesmo assim. Sua decisão de perguntar não depende da liberdade da outra pessoa de responder ou não. Esse é o próximo passo, e depende dela. Mas você pode pelo menos resolver dar o primeiro passo na direção da vulnerabilidade e da conexão profunda.

Você não precisa simplesmente jogar sua pergunta por cima da rede. Pode introduzi-la com gentileza. Por exemplo, você pode dizer: "Queria muito te perguntar uma coisa, mas não sei se deveria. Talvez seja um assunto sensível". Veja como a outra pessoa reage. Ou talvez peça permissão de antemão: "Gostaria de te fazer uma pergunta sobre isso. Você se importa em falar sobre esse assunto? Responder ou não é uma escolha sua. Tudo bem?".

A atitude socrática: julgando sem levar a sério

Fazemos julgamentos o dia inteiro, e tudo bem. Sem julgamento, como você poderia saber se está com vontade de queijo ou presunto (ou os dois!) no seu sanduíche? Se compra uma jaqueta vermelha chamativa ou uma azul mais justa? Isso sem falar nas decisões mais monumentais da vida, como qual carreira seguir, ou qual escola é melhor para o seu filho. Os julgamentos ditam e impactam todos os aspectos da vida, de maneiras grandes e pequenas.

Couve-flor ou brócolis para o jantar?

Devo fazer uma parceria comercial com essa pessoa ou com aquela?

Aceito essa proposta de emprego ou espero uma oportunidade melhor?

Esse cara vale um segundo encontro ou é melhor parar por aqui?

Devo intervir ou deixar acontecer naturalmente? Continuar ou parar?

Sou a pessoa que quero ser ou está na hora de começar a mudar?

Que tipo de conduta eu desaprovo ou admiro? Que tipo de conduta eu rotulo como boa ou ruim?

Você julga, e os julgamentos moldam sua vida. É impossível que não moldem. Quando você conhece alguém, seu julgamento bate em menos de oito segundos e sua primeira impressão já é formada: "Gosto dessa pessoa e me sinto confortável com ela" ou "Não, essa pessoa não combina comigo". Julgar é tão fundamentalmente humano como respirar. Fingir que não julga é ser como um peixe fingindo que não sabe nadar. "Não, você entendeu tudo errado. Não estou nadando, estou... hum... voando. Sim, é isso! Estou voando na água."

Julgar pode deixar a vida divertida, empolgante, rica e navegável. Tentar calar seu senso de julgamento ou censurá-lo só vai te trazer mais infelicidade. Você se flagra julgando e acha que não deveria, mas pegar pesado consigo mesmo sobre seus julgamentos acrescenta mais uma camada de julgamento ali, te deixando culpado e infeliz no processo. Permita-se julgar. Vai acontecer quer você queira, quer não. Julgar é tão humano quanto comer, beber, conversar, soltar pum ou tropeçar na calçada. Agir como se não pudéssemos ou não devêssemos julgar qualquer coisa é estranho e inútil. É como negar parte da sua humanidade.

Como você já deve estar esperando, há um grande "porém" nisso tudo: tendemos a ser bem desajeitados e relaxados com nossos julgamentos. Julgamos rápido demais, ignorando todo tipo de nuance e sutileza, baseando nossas opiniões em informações incompletas. Também somos apegados demais ao que achamos: levamos nossos julgamentos muito a sério. Quando você decide que uma pessoa é arrogante e metida, pode ser bem difícil te convencer de qualquer outra coisa. É o que os psicólogos chamam de "viés de confirmação": estamos tão dispostos a reforçar o julgamento que já formamos que acabamos caindo em uma espécie de túnel escuro, felizes em ignorar qualquer evidência que nos prove o contrário.

Para aqueles que insistem que julgar não é certo, vale a pena considerar que "você não tem permissão para julgar" é um julgamento por si só. Uma contradição perfeita. Afirmações como essa geralmente vêm em resposta a julgamentos negativos. Nunca vi alguém reclamar após ser julgado como talentoso, charmoso ou lindo. Se Roger diz "Fred tem sido tão preguiçoso e relaxado ultimamente", nós provavelmente responderemos com "Você não deveria julgar ele dessa forma, Roger! Ele pode estar com muitos problemas na cabeça!". Se, por outro lado, Roger tivesse dito "Fred tem sido tão dinâmico e consciente ultimamente", ninguém faria uma objeção sequer.

Quando você olha para isso logicamente, parece um pouco estranho: por que temos permissão para dizer que alguém é talentoso, charmoso ou lindo, mas não preguiçoso, arrogante, mentiroso e um pouquinho sabichão? Em essência, são todos exemplos de julgamento. Parece um caso de dois pesos, duas medidas, no qual julgamentos são permitidos desde que sejam positivos, enquanto os negativos estão fora de cogitação.

Talvez seja porque geralmente confundimos condenação com julgamento. Condenação tem a ver com desaprovação e rejeição, enquanto julgar consiste em chegar a uma conclusão após raciocinar. Então, no caso de Roger, é possível afirmar racional, clara e evidentemente por que Fred é relaxado: ele nunca arruma a mesa, o teclado dele está cheio de manchas de café, ele não é pontual, e raramente entrega as coisas no prazo. Isso é um julgamento: "Fred é relaxado porque...". Mas, se você concluir que ser relaxado torna ele um ser humano desprezível, aí já é condenação.

Em muitos casos, fazemos as duas coisas ao mesmo tempo. Dizemos: "Meu Deus, Fred tem sido tão relaxado!", enquanto nossa expressão e entonação demonstram exatamente o que pensamos daquela observação. Nós julgamos e condenamos ao mesmo tempo. Desenvolver uma atitude socrática tem a ver com separar as duas coisas: ver uma situação pelo que ela é e julgá-la da forma mais objetiva possível. E o próximo passo é questionar aquele julgamento se perguntando: "Esse é mesmo o caso? O que estou dizendo ou pensando é mesmo verdade?".

Eu aplaudo o fato de que todos nós julgamos. Mas também defendo que todos devem ter mais responsabilidade por seus julgamentos, lidando com eles com mais cuidado. Fazer esses julgamentos da maneira mais objetiva possível e desenvolver a prontidão para renunciar a eles de imediato, caso necessário. Essa é a essência da perspectiva ágil que estamos buscando: você julga e então toma uma posição, mas não se prende a essa posição e amarra sua identidade a ela. Essa abordagem te torna livre para explorar o lado oposto com a mesma prontidão. Você enxerga seu julgamento pelo que ele é: *sua* visão individual da realidade. Você percebe que pode, e deve, examinar aquela visão mais de perto, que isso forma a base das suas suposições inconscientes, suas pressuposições e preconceitos, e sua visão da natureza humana. Assim que perceber isso e ativamente começar a tentar enxergar as coisas por outra perspectiva, verá como seu pensamento fica muito mais forte, flexível e ágil.

Outro conselho que ouvimos o tempo todo: você precisa suspender o julgamento. Sinceramente, não acredito que isso seja realista. Os julgamentos são feitos de maneira rápida, inconsciente, por reflexo. Antes de se dar conta, outro julgamento já se formou. Atrasar o proceso inconsciente não é tarefa fácil e talvez nem seja possível. Acho que a solução está em outro lugar: em fazer seu julgamento, ciente dele e então dando um passo para trás. Registre seu julgamento, depois o remova da conversa e o deixe sumir no fundo. Você não suspende seu julgamento, mas o remove. Ele inevitavelmente estará lá, então tome nota e depois decida não fazer nada com ele.

Esse processo está no coração da atitude socrática: saber que você sempre vai julgar o que está na sua frente, sabendo também que provavelmente há vários lados para cada questão. Ter um julgamento, se afastar dele e ousar explorá-lo. Vire-o de cabeça para baixo, do avesso, e jogue na parede para ver o que acontece. Julgue seu julgamento de volta. Jogue no lixo, tire do lixo, balance a poeira e veja por outro ângulo. Jogue no lixo de novo e repita.

Uma parábola: bom ou ruim, quem poderá dizer?

Agora, uma linda história que pode nos ensinar um pouco sobre julgamento, remover nossos julgamentos e sobre quão enraizados eles estão no nosso ser. É uma parábola sobre um fazendeiro e seu filho:

> Em uma vila rural na China, morava um fazendeiro e seu filho. Além da casa humilde e do terreno, a única posse de valor deles era um cavalo. Ter aquele cavalo significava que eles poderiam trabalhar com o plantio e

ganhar um sustento modesto. Certo dia, o cavalo escapou do cercado e fugiu. Os moradores do vilarejo vieram expressar empatia. "Que terrível!", eles gritaram. "Que desastre!" O fazendeiro se limitou a sorrir e, calmamente, disse: "Bom ou ruim, quem poderá dizer? Só sei que o meu cavalo fugiu".

Nos dias que se seguiram, o fazendeiro e seu filho trabalharam no plantio da melhor maneira possível. Um dia, a distância, avistaram um cavalo. Era o cavalo deles! O animal havia retornado, trazendo consigo mais sete cavalos selvagens.

Quando escutaram a novidade, os moradores do vilarejo ficaram tão felizes pelo fazendeiro que correram para parabenizá-lo. "Oh, que sorte!", eles gritaram. "Tantos cavalos, e todos eles são seus!" O fazendeiro apenas sorriu e disse calmamente: "Bom ou ruim, quem poderá dizer? Só sei que o meu cavalo voltou, trazendo sete cavalos com ele".

No dia seguinte, o filho do fazendeiro queria inaugurar um dos novos cavalos. Ele subiu no animal, mas o cavalo empinou com selvageria e o filho caiu no chão. A queda quebrou suas duas pernas.

Naquela noite, os moradores do vilarejo foram ver o fazendeiro e lamentaram o destino do seu pobre filho. "Que desastre!", eles gritaram. "Esse pobre rapaz, com as duas pernas quebradas. Que infortúnio terrível!" O fazendeiro apenas sorriu e disse calmamente: "Bom ou ruim, quem poderá dizer? Só sei que as duas pernas do meu filho estão quebradas".

> No dia seguinte o exército chegou ao vilarejo com uma proclamação. Dois soldados foram a cada casa. A guerra havia estourado e todo homem que estava apto o suficiente para lutar tinha que se apresentar para o serviço imediatamente. Quando viram o estado em que o filho do fazendeiro estava, eles lhe concederam uma isenção. O fazendeiro apenas sorriu e disse calmamente...

A moral da história do fazendeiro e seu filho pode ser resumida de diversas formas: espere para ver o que vai acontecer; você nunca sabe os desdobramentos bons ou ruins de alguma coisa; nuvens escuras podem estar escondendo o sol. O lema do fazendeiro – "Bom ou ruim, quem poderá dizer?" – nos mostra uma perspectiva estoica e uma atitude iluminada que geralmente temos dificuldade em atingir.

A resposta dos moradores do vilarejo é muito mais familiar para nós. Eles personificam a velocidade com a qual corremos para categorizar os eventos da nossa vida. Essa notícia é boa ou ruim? Tivemos sorte ou fomos vítimas de um desastre? Vamos ganhar ou perder? Às vezes nossa prontidão para categorizar fatos, eventos, desenvolvimentos e comportamos parece beirar a obsessão. Essa prontidão é algo que devemos combater se quisermos alcançar admiração e curiosidade, e começar a fazer perguntas profundas. Precisamos entender que, na maioria dos casos, não estamos bem-informados o bastante para termos uma opinião imediata. Que nós, como o fazendeiro, devemos tirar o julgamento da equação e o colocar na geladeira por um tempo. Podemos sempre voltar amanhã e ver se ele ainda é útil. Mas, até lá, nosso julgamento pode ter mudado. Talvez tenha tido a chance de crescer e amadurecer um pouco. Quem sabe o tipo de informação fresquinha em que ele pode ter se transformado naquele tempo de espera?

Como julgar com mais cuidado?

Ter mais cuidado com nossos julgamentos é mais fácil na teoria do que na prática. Você escuta ou vê algo no noticiário, seu colega faz um comentário, seu chefe faz uma pergunta, você escuta uma fofoca quentinha de um amigo e, antes de se dar conta, já colou um adesivo nela e a arquivou. O julgamento passou, mas a opinião resultante geralmente diz mais sobre os seus valores e visões sobre a natureza humana do que sobre a situação em si. Como evitar julgar tão rápido?

Uma filosofia inspiradora que pode te ajudar a ser menos disposto a julgar é o estoicismo. Atualmente a palavra "estoico" ganhou uma conotação um pouco engessada: sem emoção, sem comoção, inalcançável. É uma pena pensarmos assim, porque o estoicismo tem muito a oferecer.

Os estoicos não devem seu nome a nada tão engessado assim, mas à *stoa*, um pórtico na Atenas antiga onde as pessoas se reuniam para filosofar. O estoicismo é uma filosofia prática, que nos convida a priorizar o que podemos controlar, e a nos afastar de questões sobre as quais não temos influência. O resultado é a paz de espírito. Os estoicos elaboraram uma série de exercícios práticos e meditações com o objetivo de desenvolver uma vida virtuosa. O estoicismo passou por diversos períodos, e a filosofia foi influenciada por uma série de pensadores proeminentes.

Um dos filósofos estoicos mais importantes foi Epiteto. Em seu *Enchiridion*, um manual curto de conselhos éticos, ele escreveu sobre questões cotidianas, entre as quais incluiu nossa tendência a julgar. Ele convida seus leitores a simplesmente observarem, sem julgamento.

> Se um homem se lava rápido, não diga que ele se lava mal, mas que ele se lava rápido. Se um homem bebe muito vinho, não diga que ele bebe mal, mas que ele bebe muito. Pois até que você tenha decidido qual julgamento o incita, como sabe que ele age mal? Se você fizer como eu digo, vai concordar com suas impressões apreensivas e com nenhuma outra.[4]

Em seu livro recente, *How to Be a Stoic* [Como ser um estoico], o escritor e professor de filosofia Massimo Pigliucci vai ainda mais fundo:

> A ideia é distinguir entre o que é fato absoluto – com o qual podemos concordar se o considerarmos justo mediante a observação – e julgamentos, dos quais geralmente nos abstemos, já que frequentemente não temos informações o suficiente.[5]

Exercício: registre seu julgamento

Cada novo dia traz inúmeras oportunidades para treinar ser mais cuidadoso com seus julgamentos. O ônibus que você acabou de perder, seu colega sarcástico, um pessoa mal-educada que passa por você na rua: todas as ocorrências diárias que engatilham uma resposta reativa. O primeiro passo é entender que você provavelmente vai colar uma etiqueta em todas essas coisas. Quando se pegar nessas situações, faça algumas perguntas simples a si mesmo. O que eu acho disso? Como eu resumiria essa situação, ou essa pessoa, em uma ou duas palavras? Estúpida, satisfatória, arrogante, impaciente, linda, feia, rápida demais, lenta demais...

Esse exercício simples te ajuda a conceituar o que você pensa e vê, e com isso você aprende a se distanciar do próprio pensamento.

Outra coisa que vale a pena notar é se você condena seus pensamentos. Você se pega pensando "Eu não deveria achar isso bom!", ou "Talvez as coisas não estejam tão ruins, eu não deveria ser tão fatalista"?

Exercício: pratique a perspectiva ágil

Quando se tornar ciente dos seus julgamentos que te encurralam e conseguir articulá-los com clareza sem tentar imediatamente contrapor ou pará-los totalmente, você estará pronto para o próximo passo: buscar e praticar a perspectiva ágil. Da próxima vez que se pegar numa situação que desperta um desejo forte de julgar, tire um tempo para o próximo exercício:

1. Escreva seu julgamento da maneira mais literal possível. O que exatamente você está pensando?
2. Descreva a situação que te levou até aquele julgamento, mais uma vez, da maneira mais literal possível.
3. Pense em outros três julgamentos que alguém poderia fazer ao se deparar com a mesma situação.
4. Pense em um argumento que sustente cada um dos julgamentos.
5. Veja como esses julgamentos alternativos também podem ser "verdade".

Simplesmente seguindo esses passos, você dará tempo à sua mente, criando espaço para respirar e se abrir para perspectivas diferentes. Um exemplo:

Pensamento: Olha lá a Natalie, reclamando como sempre.
Situação: Natalie estava conversando com Jonathan na máquina de café. Ela disse: "Ai meu Deus, estou tão ocupada! Não tenho tempo para terminar essa demanda. Tive que trabalhar até tarde ontem e não consegui buscar minha filha na escola. Isso acabou comigo!". Enquanto falava, ela franzia o cenho e suspirava.
Julgamentos alternativos que alguém pode fazer na mesma situação:
1) Natalie confia o bastante em Jonathan para compartilhar sua história com ele.
2) Natalie sente a necessidade de falar sobre suas preocupações.
3) Natalie está dando uma boa reclamada, e isso é cem por cento culpa dela.

Exercício: seja estoico – julgue objetivamente

Com as palavras de Epiteto sobre se lavar "rápido" e beber "muito" em mente, você pode se treinar para ser estoico. Atenha-se aos fatos, registre o julgamento que está fazendo, tenha ciência de que aquele julgamento é sempre uma resposta para uma observação factual. E não se esqueça da diferença entre as duas coisas. Por exemplo:

Julgamento: Já deu a hora de o Harry passar a camisa dele.
Fato: Parece que a camisa do Harry não foi passada.

Um passo intermediário interessante é questionar o julgamento. Neste caso, você pode se perguntar: "Quem acha que o Harry deveria passar sua camisa?". A resposta só pode ser: "Bom, eu acho". A próxima pergunta é óbvia: "Quem sou eu para mandar o Harry passar sua camisa?". Provavelmente você não está em posição de estabelecer padrões para os hábitos de lavanderia do Harry.

A diferença entre observar e interpretar

Como mencionei antes, há alguns anos eu trabalhei como instrutora de equitação, mas também oferecia sessões que combinavam consultoria pessoal com cavalgar. Fazer consultoria enquanto interage com cavalos pode abrir uma janela fascinante para o seu próprio comportamento, suas convicções e sua energia. Embora os cavalos não possam falar conosco diretamente, eles são tradutores sensíveis da nossa linguagem corporal.

As sessões funcionavam assim: eu deixava as pessoas trabalharem com um dos meus cavalos, dando a elas tarefas enquanto davam voltas no estábulo e depois refletiam sobre o que havia acontecido. Uma das primeiras tarefas era observar. Eu pedia que ficassem na beirada do estábulo, olhando para o cavalo, e depois perguntava: "O que você vê?". Essa questão simples quase sempre rendia uma resposta mais ou menos como "Ele é curioso", "Ele está com medo", "Ele não está no clima. Dá para ver porque ele está desviando o olhar", "Ele está com fome, porque está mastigando grama".

Se a pessoa estivesse fazendo a sessão com seu próprio cavalo, as respostas geralmente eram mais detalhadas. "Ela só está sendo teimosa agora, de vez em quando ela faz isso." "Ela está tímida porque você está aqui." "Ela consegue ouvir todos os barulhos novos e isso está deixando ela tensa... olha só, as orelhas dela tremendo para tudo quanto é lado."

Era muito raro alguém fazer o que eu pedia para ser feito. Em outras palavras, me dizer o que elas estavam vendo. Raramente alguém se atinha a observações simples. "O cavalo está caminhando para a esquerda." "O cavalo está olhando para o fundo do estábulo." "Olha, agora ele está comendo grama." "As orelhas dele estão apontando para trás." Depois que eu explicava a diferença entre *observar* e *interpretar*, a ficha caía. Então, eu perguntava: "Você está descrevendo objetivamente o que vê ou está interpretando o comportamento do cavalo?". Assim que as pessoas entravam em um espaço mental para fazer observações mais claras, as interpretações também ficavam mais puras. Elas se tornavam mais como hipóteses: suposições que ainda precisavam ser comprovadas. Afinal, não dá para dizer com certeza que sua égua está cansada, assustada ou nervosa. O máximo que dá para fazer é dizer que o comportamento dela te faz acreditar nessas coisas.

Percebi então que o que descobri trabalhando com cavalos também se aplica à maneira como vemos outras pessoas. Com pessoas também é bem difícil ficarmos só na observação. Quando você menos se dá conta, interpretações estão voando pra todo lado no seu cérebro, como pombos em uma praça. Desenvolver uma atitude socrática significa treinar seus sentidos para observar objetivamente, sem convidar seu cérebro para opinar, e transformar as observações em interpretações baseadas em uma narrativa que você mesmo criou.

Exercício: observar em vez de interpretar

Tente observar alguém que você não conhece. Mais uma vez, um espaço público movimentado pode ser um bom lugar. Escolha um café de rua ou uma praça, onde você possa se sentar por um tempo enquanto observa de longe sem chamar a atenção. Observe e literalmente declare o que vê. Se você vê o que parece ser um casal discutindo – sua interpretação –, volte com calma para a observação literal: a mulher está gesticulando com o braço direito, um pequeno vinco se formou entre as sobrancelhas dela; o homem olha para cima, suspira e grita: "É isso que eu estou tentando te dizer esse tempo todo!".

É lógico concluir que é um casal tendo uma briga. E essa conclusão pode ser certeira. Mas quantas vezes concluímos alguma coisa que está um pouquinho fora do ponto? Damos uma olhada na pessoa com quem estamos falando e pensamos: "Você é um babaca" ou "Alguém levantou com o pé esquerdo hoje". Observar objetivamente ajuda a se distanciar, e, como resultado, a qualidade do seu julgamento geralmente melhora.

A atitude socrática: aprendendo a aturar (e até mesmo a abraçar) o não saber

Praticar uma atitude socrática significa questionar suas certezas, até mesmo a ponto de deixar de ter certeza por completo. Por mais estranho que possa parecer, isso te ajuda a treinar sua capacidade de não saber. É apenas a falta do suposto conhecimento que abre espaço para o conhecimento novo e genuíno. Testar constantemente os limites da sua certeza lhe dá a oportunidade de fazer novas descobertas.

Um filósofo que pode nos ensinar sobre a dúvida radical é René Descartes, um pensador francês que viveu de 1596 a 1650. Ele é mais conhecido pela frase "Penso, logo existo". Em sua busca por algo de que pudesse ter total certeza, ele desenvolveu o processo da dúvida metódica: duvidou sistematicamente de tudo que era possível duvidar. Se você dispensa tudo que pode ser duvidado, Descartes pensou, o que resta são as coisas que necessariamente são verdade.

Para Descartes, o ponto de partida do conhecimento verdadeiro era duvidar radicalmente de tudo que pensamos que sabemos. Seu objetivo era obter conhecimento verdadeiro. Ele se sentou em frente a uma lareira – ou pelo menos é assim que eu gosto de imaginá-lo – e começou a procurar sistematicamente pelo que era verdadeiro por trás de qualquer sombra de dúvida. Ele aplicou sua metodologia ao questionar cada uma das suas convicções de longa data. E, quando chegava a algo sobre o que achava ter certeza, ele tentava miná-la com contra-argumentos.

Sentado em sua poltrona na frente da lareira, ele não deve ter demorado para pensar: "Eu sei porque meus sentidos me dizem isso". No entanto, ao pensar em maior profundidade, até mesmo seus sentidos começaram a ser suscetíveis a dúvidas. Afinal, os sentidos que dizem que você está sentado em uma poltrona confortável e quentinha neste minuto são os mesmos sentidos que você experiencia quando está sonhando. E os sonhos parecem ser verdadeiros, não parecem?

Além do mais, você é enganado pelos sentidos o tempo todo. Quantas vezes você achou ter escutado alguma coisa se mexendo atrás de você, só para se virar e descobrir que não tinha nada ali? Ou sentiu seu celular vibrar quando ele não estava no seu bolso? Tá legal, Descartes não deu este último exemplo, mas poderia facilmente ter dado, se estivesse vivo e estudando esse caso hoje em dia. No fim das contas, Descartes concluiu que nossos sentidos não são nossa fonte de conhecimento mais confiável.

Mas, olhando para o foco, ele acabou chegando a uma coisa de que não poderia duvidar. Ele tinha certeza de que estava pensando. Como resultado de sua dúvida metódica, ele começou a ter dúvidas sobre a realidade do mundo ao seu redor e suas percepções sensoriais – mas ele *sabia* que estava duvidando. Independentemente do ângulo pelo qual analisasse, ele era uma "entidade pensante". Isso deu origem ao seu famoso *Cogito, ergo sum*: Penso, logo existo. Enquanto desenvolvemos uma atitude socrática questionadora, podemos usar Descartes como inspiração. Se você olhar com muita atenção, e examinar todas as suas certezas com o objetivo de duvidar delas, logo perceberá que, no fim das contas, não tem certeza de quase nada.

Exercício: duvide de si mesmo, bobinho!

Pense em alguma coisa sobre a qual você tem certeza absoluta. Quais das suas convicções você classificaria como uma verdade absoluta? Escreva essa convicção. Depois, se pergunte: "Isso é uma verdade absoluta?". Comece respondendo à pergunta positivamente – "Sim, isso é uma verdade absoluta porque..." – e escreva todos os argumentos em que conseguir pensar para manter aquela convicção. Quais provas você tem? (Caso esteja se perguntando, "As coisas são assim" ou "É assim que eu me sinto sobre as coisas" não conta!) Depois, tente escrever os argumentos mais conscientes *contra* a sua convicção. Faça a mesma pergunta a si mesmo, mas dessa vez comece a resposta com "Não, isso não é verdade porque...". O que uma pessoa que discorda de você poderia dizer sobre a questão? E em que ponto você se pegaria concordando com ela?

Dê uma olhada na sua declaração inicial. Você pode descobrir que este exercício criou mais espaço para movimento e dúvida, e que sua convicção ficou um pouco mais flexível: algo não está mais escrito em pedra, e você pode se sentir mais leve. Esse nível de flexibilidade parece um aspecto assustador? Isso por si só já é uma resposta válida e uma informação útil: te dá uma ideia de quão apegado você é a suas crenças, a suas "certezas absolutas".

O Wu Wei e o não saber

Os taoistas têm um conceito que chamam de Wu Wei. Em tradução direta, Wu Wei é a arte de não fazer. Muitas pessoas confundem não fazer com simplesmente não fazer nada. A mais pura passividade, em outras palavras. Mas não é bem assim. Como explica Reinoud Eleveld,[6] um treinador Tao, praticar o Wu Wei não se iguala a fazer nada. Não há uma arte real de fazer nada: você evita a ação e nada acontece. O Wu Wei, entretanto – a arte de não fazer –, pode tanto levar à ação quanto à inação.

Na essência, o Wu Wei tem a ver com a habilidade de agir sem a interferência do ego ou, em outras palavras, da nossa consciência sobre nós mesmos. É uma ação pura, nascida do instinto natural, excelência e sabedoria. E é chamada a arte de não fazer porque em momentos cruciais o ego é ultrapassado e não faz nada. Pode até observar, mas não controla a resposta de um indivíduo.

Eleveld gosta de ilustrar esse conceito complicado usando o exemplo do "efeito transeunte". Imagine que um homem idoso caiu em um canal em uma cidade movimentada. Fazer nada nesse momento é ficar parado ali, vendo o homem em apuros, alguém correndo o sério perigo de se afogar. Todos ficam parados esperando a intervenção de alguém. Enquanto isso, a pessoa em apuros se afoga, observada por dezenas. Esse é o efeito transeunte em ação: o desastre acontece e, embora haja uma multidão por perto, ninguém faz nada.

O efeito transeunte pode ser extrapolado para todos os tipos de ameaças sobre a nossa sociedade. Gostaríamos de ver o fim do racismo e da intolerância, mas o que estamos fazendo para combatê-los? Gostaríamos que menos jovens fossem vítimas do tráfico sexual, mas o que estamos fazendo para mantê-los seguros? Gostaríamos de ver o fim do aquecimento global e do uso de combustíveis fósseis, mas muitos de nós preferem continuar dirigindo nossos carros velhos e surrados a ter um carro elétrico.

Mas voltando ao canal. Uma pessoa que entende o Wu Wei – a arte de não fazer – não ficará simplesmente parada sem fazer nada quando vir o senhor em perigo. Um praticante de Wu Wei pulará na água sem hesitar, sem se preocupar em estragar seus sapatos ou roupas, ou com quantas pessoas podem estar observando. Longe de ser passivo, alguém em contato com o Wu Wei agirá de maneira decidida e sem um pingo de receio. Ele vai intervir sem pensar em si mesmo e fará de tudo para ajudar aquele homem idoso a ficar em segurança.

Ao explorar conceitos como dúvida, há coisas a serem aprendidas com o Wu Wei e a arte de não fazer. Assim como fazer nada é diferente do princípio de não fazer do Wu Wei, ter dúvida também não é a mesma coisa que não saber. À primeira vista, ter dúvida e não saber podem parecer coisas semelhantes. Ambos implicam a ausência de conhecimento, mas a diferença está no fato de que a dúvida traz incerteza, enquanto o não saber é uma experiência mais robusta e mais consciente. Quando se trata de desenvolver uma atitude questionadora e socrática, o conceito de não saber é muito mais útil para nós.

Duvidar e não saber ainda são coisas relacionadas, é claro. Às vezes eu gosto de pensar na dúvida como a irmã neurótica do não saber. Assim como o Wu Wei, uma forma pura de ação, surge da tranquilidade e não tem nada a ver com o ego, o não saber nasce desse mesmo estado mental puro e tranquilo. Quando está em dúvida, você está enroscado no objeto de suas dúvidas; o não saber dá um passo para trás e mantém distância.

- O não saber observa sem querer nada; a dúvida observa e espera uma solução.
- O não saber tem a ver com abandonar a certeza conscientemente; a dúvida tem a ver com procurar a certeza.
- O não saber é uma mão aberta; a dúvida se agarra e arranha.
- O não saber observa com calma; os olhos da dúvida são inquietos.
- O não saber fica parado e vive a experiência; a dúvida se mexe e procura.
- O não saber tem uma visão ampla; a dúvida tem o foco estreito.
- O não saber é paciente; a dúvida exige respostas.
- O não saber está conectado consigo mesmo; a dúvida procura algo fora de si.
- O não saber não quer resolver tudo e aceita a si mesmo; a dúvida quer se revolver e, acima de tudo, não existir.
- O não saber está enraizado na tranquilidade e na confiança; a dúvida nasce do medo.
- O não saber oferece uma casa acolhedora, enquanto na casa construída pela dúvida o ar-condicionado está sempre quebrado.

Imagine que você está em uma reunião. Uma reunião na qual questões complicadas precisam ser abordadas e decisões precisam ser tomadas. Como esperado, você tem centenas de outras coisas em andamento, zumbindo na sua cabeça. A reunião chegou no pior momento possível e provavelmente vai durar uma eternidade. Mas não há mais nada a fazer: as decisões precisam ser tomadas agora, argumentos precisam ser colocados na mesa e opções precisam ser discutidas.

No entanto, antes de mergulhar de cabeça nesse processo, e se vocês dissessem uns aos outros "Vamos tirar cinco minutinhos para não saber"? Que efeito isso poderia ter?

Talvez isso fizesse com que todos pensassem um pouco, rabiscando uma ideia ou pensamento estranho em um pedaço de papel enquanto consideram os prós e os contras mentalmente. Talvez uma posição já tomada pudesse ser reexaminada, ou mesmo confirmada, mas dessa vez com argumentos bem pensados. Cinco minutos sem ser bombardeado com a opinião franca de outra pessoa. Sozinho com seus próprios processos de pensamento e seu próprio não saber.

Muitas vezes, dizemos qualquer coisa que vem à mente. Claro, é uma opinião e você está preparado para defendê-la, mas depois, quando o momento passa, muitas vezes podemos acabar discordando de nós mesmos.

A atitude socrática: guardando sua empatia

Quando você quer fazer perguntas focadas e bem direcionadas que façam você ou outra pessoa pensar, estranhamente a empatia não te leva muito longe. Se seu objetivo é fazer uma boa pergunta, é melhor manter seus poderes empáticos desligados do que ligados. Em muitas escolas de pensamento e centros de consultoria, diminuir a empatia é considerado o crime do século. O que será de nós sem empatia? É o nosso passaporte para um mundo melhor! Mas, antes de achar que este livro é desalmado, fechá-lo e colocá-lo de lado em um ataque de raiva, me dê o benefício da dúvida por um momento. Veja isso como uma oportunidade de praticar as habilidades recém-adquiridas de ter admiração e curiosidade.

Vamos começar do começo: o que é empatia? Para que serve? Empatia é uma palavra repetida e usada de várias maneiras, mas, principalmente, se resume à capacidade de entender a situação de outra pessoa e *imaginar* como ela se sente. Para experimentar o mundo como ela o experimenta, ou pelo menos como você imagina que ela possa experimentá-lo. Empatia significa se colocar no lugar do outro. Logo de cara, você deve estar se perguntando: o que pode haver de errado nisso? Certamente a empatia só pode me ajudar a entender melhor a outra pessoa? Sim, claro que pode, e não é à toa que a empatia tem uma grande e entusiasmada base de fãs. Mas a empatia também pode ser sua maior inimiga se você estiver tentando fazer escolhas éticas bem ponderadas, fazer perguntas profundas e cultivar aquela importantíssima perspectiva ágil.

Paul Bloom, um psicólogo da Universidade de Yale, escreveu um livro com o título chamativo *Against Empathy* [Contra a empatia]. Em um artigo para a *Boston Review*, ele escreve:

> Quando me perguntam no que estou trabalhando, quase sempre digo que estou escrevendo um livro sobre

> empatia. As pessoas sorriem e assentem, e depois eu acrescento “Eu sou contra”. Isso geralmente causa uma risada desconfortável.
>
> Essa reação me surpreendeu no início, mas percebi que assumir uma posição contrária à empatia é como anunciar que você odeia gatinhos – uma declaração tão descabida que só pode ser piada.[7]

Bloom prossegue, explicando que não é contra a moralidade, a compaixão, ser um bom vizinho, fazer a coisa certa ou tornar o mundo um lugar melhor. Na verdade ele é um defensor ferrenho de todas essas coisas. Só que ele se opõe a usar a empatia como forma de obtê-las. Na opinião de Bloom, se você quer ser uma boa pessoa e fazer o bem, a empatia geralmente é um mau conselheiro.

Ele admite que, na teoria, a empatia é uma força para ajudar os outros a fazerem o bem no mundo, mas entende que não é exatamente assim que funciona na prática. Pesquisas mostram que nossos sentimentos de empatia tendem a ter certo viés: em relação a pessoas no nosso grupo social, pessoas que se parecem conosco, pessoas que são muito bonitas ou crianças. Em outras palavras, nossa empatia não é nem um pouco inclusiva.

Bloom diferencia a empatia cognitiva da emocional. Empatia cognitiva significa usar seus poderes de raciocínio e se colocar no estado mental do outro, o que pode ser muito útil. Ele dá o exemplo de um médico que precisa passar um diagnóstico negativo: ajuda, é claro, se ele puder mensurar o impacto que essa notícia ruim terá na vida do paciente. É uma estimativa pensada, um uso sábio da inteligência social. Mas a empatia emocional é outra história. Os profissionais da medicina deveriam imergir nos sentimentos de um paciente? A resposta de Bloom é não: como consequência da empatia emocional, um cirurgião poderia ficar triste a ponto de ir embora, incapaz de operar. Em outros cenários, nos quais é apropriado manter certo distanciamento – como ao fazer um julgamento moral –, nossas emoções imediatas não fazem tão bem para nós. Os julgamentos morais se beneficiam não da empatia, mas da reflexão racional.

Em seus livros e artigos, Bloom apresenta uma alternativa para a empatia emocional: uma qualidade que ele chama de "compaixão não empática". A longo prazo, diz ele, é muito mais benéfica. O problema da empatia emocional – sentir a dor do outro – é que ela afeta muito sua habilidade de julgar objetivamente.

Imagine que o companheiro do seu melhor amigo faleceu. Uma reação verdadeiramente empática seria poder sentir a dor junto com ele. Porém, vale a pena perguntar se isso faria bem ao seu amigo – sem contar a você mesmo. Uma resposta de compaixão pode trazer mais benefícios a todos os envolvidos, permitindo que você ofereça ajuda e apoio sem ser sobrecarregado pelo luto do seu melhor amigo.

Em situações nas quais manter certo nível de distanciamento é apropriado, é *compaixão*, e não empatia, de que você precisa. A compaixão cria o desejo de ajudar e, diferentemente da empatia, estabelece uma pequena distância, permitindo manter uma visão geral dos acontecimentos, evitando que você se perca demais nas suas emoções, podendo ouvir e analisar melhor. É apenas guardando sua empatia que você poderá fazer perguntas válidas que cavam mais fundo, que são sobre a outra pessoa e não sobre você, e que revelam mais detalhes, expõe conceitos e oferecem confronto quando necessário. Você mantém sua empatia de lado por um tempo justamente porque a outra pessoa e a história dela importam muito para você.

Em uma discussão socrática, isso é conhecido como "neutralidade empática". Você desliga sua tendência a compartilhar os sentimentos e sofrimentos dos outros para poder manter certa distância e reter a habilidade de fazer perguntas críticas. A neutralidade empática é o momento em que você pode registrar suas emoções e expressões sem confirmá-las ou negá-las. Quando, durante uma conversa, sua resposta empática vem com tudo e compele você a oferecer ajuda, dar uma dica ou compartilhar uma experiência sua, o fluxo de pensamento para bruscamente. Quando consegue se manter empaticamente neutro, você cria um espaço para que alguém entre com seu próprio processo de pensamento e vá mais fundo na questão. Em certas situações, esse é o melhor presente que você pode dar a alguém.

A neutralidade empática te permite persistir nos seus questionamentos. Você dá um passo para trás, tanto em relação à pessoa com quem está conversando quanto ao assunto da conversa, e assim pode ver qual pergunta vai desafiar a outra pessoa, aprofundar a visão dela e ajudá-la a pensar. É claro, isso anda de mãos dadas com uma escuta pura e atenta, algo que vamos analisar em detalhes mais adiante.

Neutralidade empática na discussão socrática

Sócrates era um mestre em desativar seus poderes de empatia. Em suas conversas, ele era implacável ao questionar fatos, argumentos e suposições. Seu comprometimento com a neutralidade empática geralmente deixava os outros desconfortáveis, ou os conduzia para a raiva ou a vergonha. Eles achavam que seriam acalmados com uma falsa sensação de segurança, com um empático "Entendo o que você está passando" ou "Meu Deus, que pena". Mas era exatamente por ele se recusar a empatizar que uma conversa com Sócrates valia tanto a pena. As pessoas de fato pensavam sobre seus posicionamentos. Conceitos ganhavam um significado diferente, mais profundo, e havia espaço para novas ideias. Se Sócrates respondesse empaticamente – "Ah, entendo que esteja chateado. Estou me sentindo mal por você. Vamos tomar uma cerveja" –, teríamos perdido a riqueza de compreender o que os diálogos dele tinham a oferecer.

Ainda assim, na vida cotidiana, geralmente tomamos um caminho diferente. Presos à tarefa autoimposta de sermos empáticos, fazemos o melhor para sentir a dor do outro à custa de fazer perguntas muito necessárias e relevantes. Há momentos em que a pessoa com quem você está conversando vai se beneficiar muito mais de perguntas bem escolhidas do que de um tapinha empático bem-intencionado nas costas.

Está começando a perceber as desvantagens da empatia? E o que a neutralidade empática pode fazer por você?

Neutralidade empática na prática: a exploração filosófica de Henriette

Tenho um escritório de filosofia onde ajudo as pessoas a explorarem perguntas que são realmente importantes para elas. Geralmente é algo que já está na mente delas há um tempo – algo a que não conseguiram responder sozinhas de maneira satisfatória, mesmo pensando muito, e por muito tempo. Analisamos a pergunta juntos, assim como todas as perguntas e pressuposições por trás dela.

Pode-se dizer que meu papel é encher meu cliente questionador com perguntas ainda mais brutais. Perguntas que estimulam, que o fazem pensar e que podem até mesmo ter o poder de criar desconforto. O objetivo nunca é empurrar as pessoas para fora dos seus limites, ou esfregar as contradições no nariz delas. Em vez disso, a meta é nos tornarmos mais sábios juntos – mais sábios sobre o que elas estão realmente pensando e a base daquele pensamento. Em uma visão empaticamente neutra, nos unimos para examinar a questão como um todo. "O que você está pensando realmente faz sentido?", "Tem lógica?". Nós desenrolamos a grande bola de pensamentos na qual elas se enrolaram. Separamos os jeitos como cada pensamento leva a outro, olhamos para as pressuposições por trás das afirmações e questionamos julgamentos e suposições.

Analisar quem você é e o que pensa é exatamente o que precisa acontecer em uma conversa dessas. Como disse Sócrates, "Conhece-te a ti mesmo". Isso também significa identificar as partes mais desagradáveis, menos atraentes e mais vergonhosas de si mesmo; olhar para um espelho sob a luz mais clara possível e ser brutalmente honesto sobre quem você é e o que pensa.

Conhecer a si mesmo significa descobrir que às vezes você é egoísta, rude ou um babaca, que às vezes discrimina ou age de forma pouco sensata, e se comporta de maneiras bem manipuladoras. Esses adjetivos que colamos nos outros tão rapidamente, mas não queremos aplicar a nós mesmos. Só quando dá uma olhada radicalmente honesta em si mesmo você consegue começar a conhecer a si mesmo, com os defeitos e tudo mais.

Henriette veio me ver para uma consulta filosófica. Ela tinha um problema que não conseguia resolver. Chegando aos sessenta anos, ela dava aula de religião e ética em um colégio de ensino médio. Sua pergunta inicial era: sou racista? Uma pergunta incomum sobre uma questão sensível. É preciso coragem para se fazer uma pergunta dessas, e ainda mais coragem para explorá-la com alguém em um diálogo filosófico. Ela sabia que estava embarcando em uma busca brutal pela verdade: você não entra na arena filosófica em busca de empatia. Ela seria confrontada com seus pensamentos mais profundos e demandada a defendê-los. A resposta poderia acabar sendo "Sim, eu sou racista". Encarar honestamente uma verdade como essa pode abrir a porta para todo tipo de dor e desconforto.

Henriette estava determinada a explorar essa ideia sobre si mesma, mas não havia nada leve ou fácil em sua busca: ela estava soterrada em autocensura. Muitas das maiores questões em nossa vida são cercadas de vergonha e culpa: por isso é tão tentador deixá-las de lado e nos distrair com uma taça de vinho, uma noite de Netflix ou rolando o feed do Facebook sem pensar. Mas Henriette havia criado coragem para fazer essa pergunta a si mesma, tendo a mim como sua companheira e guia.

Pedi que ela especificasse os pensamentos que havia rotulado como racistas. Sua reação foi de pura vergonha. "Não, eu simplesmente não consigo dizer as palavras. Tenho medo. Eu dou aula de ética e religião, pelo amor de Deus! Eu tenho que dar o exemplo, e é simplesmente errado estar pensando essas coisas." Começamos falando sobre seu trabalho, e suas respostas revelaram um conjunto de valores fortemente defendidos de que "Alguém que dá aula de ética e religião deve se comportar de certa maneira e não pode dar trela para os tipos errados de pensamentos". Ela logo aceitou que uma convicção como essa não se sustenta a menos que você acredite ser algum tipo de super-herói perfeito do moralismo.

Depois de um tempo conversando sobre as coisas, ela finalmente criou coragem para dizer seu pensamento racista em voz alta: "Às vezes acho que os negros são menos inteligentes que os brancos". Assim que disse as palavras, ela ficou vermelha e gaguejou um pedido de desculpas. "Desculpa. Era disso que eu estava falando. Não faz o menor sentido. Eu simplesmente não tenho permissão para pensar assim."

É aí que entra a neutralidade empática. Se tivesse reagido empaticamente, eu teria tentado fazê-la se sentir melhor. Mas isso não a ajudaria em nada.

Na maior parte do tempo, ficamos contentes em rebater esses pensamentos desagradáveis e verdades sobre nós mesmos com quebra-galhos do tipo: "Acho que não sou pior do que todo mundo" ou "Todo mundo pensa essas coisas de vez em quando; as pessoas só não admitem". Mas um diálogo filosófico não existe para acalmar ou acobertar: ele existe para te ajudar a rastrear seus pensamentos inconscientes, julgamentos, suposições e pressuposições. Com o objetivo de submetê-lo a uma série de busca e perguntas críticas.

Um pensamento que se enraizou na sua cabeça e influencia o jeito como você vê o mundo não deve ser acobertado, trivializado, condenado ou escondido embaixo de um cobertor fofinho de corações. Um pensamento como o de Henriette merece ser examinado com sinceridade e deve ser testado com a pergunta: "O que estou pensando é *verdade*?". Só assim você pode olhar para a questão com clareza e crítica, e decidir se ela corresponde à sua visão de mundo e da natureza humana.

Então, em vez de tentar empatizar com ela, perguntei a Henriette quais evidências ela tinha que a faziam achar que pessoas negras eram menos inteligentes do que pessoas brancas. "Bom," disse ela, "quando olho ao meu redor, na sala dos professores, por exemplo, ou em uma conferência acadêmica, sempre vejo muito mais pessoas brancas do que negras. Pessoas brancas são sempre mais bem representadas lá, então elas devem ter mais instrução do que pessoas negras. É nisso que baseio minha conclusão."

O raciocínio dela pertence à categoria "argumento anedótico": pegar uma situação da sua experiência pessoal e usá-la para tirar uma conclusão generalizada. Assim como "Minha avó fumava, e ela viveu até os 93 anos, então cigarro não deve ser *tão ruim* assim". É mais fácil para alguém de fora desbancar uma afirmação como essa. Não há lógica em aplicar o caso da sua avó para os fumantes no geral, porém fazemos esse tipo de coisa o tempo todo. E, mais direto ao ponto, quando dizemos essas coisas, nós acreditamos genuinamente nelas.

Se alguém está "preso" a um pensamento assim, seu objetivo como questionador é fazer as faculdades críticas da pessoa voltarem a funcionar. Você está procurando por algo que possa trazer uma mudança de perspectiva, um jeito de ver as coisas de modo diferente, de lançar uma nova luz sobre aquela afirmação prévia. Para isso, você precisa de distância. De análise. Uma mente limpa, sem bagunça. O que você não precisa é de empatia.

No caso de Henriette, optei uma pergunta de "e se": "E se no próximo mês você for enviada para um colégio na Nigéria em um programa de intercâmbio? Imagine a sala dos professores lá. Como ela seria?". Henriette ficou quieta por um momento, pensando. "Diferente", disse ela. "É claro que terá mais pessoas negras ensinando lá."

"Então?", perguntei. Às vezes uma única palavra com um ponto de interrogação é o bastante para empurrar alguém na direção de uma conclusão mais certeira.

"Então posso concluir que os círculos demográficos onde eu vivo são limitados. E que minha suposição sobre pessoas negras não é verdade e diz mais sobre a minha própria situação e a das pessoas ao meu redor. O que eu achei ser uma evidência lógica não é nem um pouco lógico."

"Você tem mais evidências que endossam sua ideia de que pessoas negras são menos inteligentes do que pessoas brancas?", perguntei. Às vezes é preciso trabalhar vários argumentos para chegar ao cerne da questão. Ela pensou bem, por muito tempo. "Não. Esse é o único." Insisti em mais algumas abordagens questionadoras, checando se realmente não havia outros pensamentos que poderiam servir como evidência para a conclusão inicial dela. Ela não encontrou nenhuma, independentemente de quanto procurássemos.

O pensamento de Henriette simplesmente não resistiu a ser analisado. Ela construiu um julgamento baseado em uma observação que era mais ou menos confinada à sala dos professores de onde ela trabalhava. Tendo isso como base, ela concluiu que não havia pensando em questionar por um bom tempo. Com o passar do tempo, se tornou algo que ela supôs ser verdade até que ela começou a refletir sobre esse pensamento, e se alarmou com ele. Assim que desdobramos esse processo na nossa conversa, ela ficou confusa por um tempo e depois foi tomada por uma onda de alívio ao se dar conta de algo novo: ficou claro para ela que ela havia construído aquela estatura mental danificada. Não apenas ela era capaz de identificar as partes apodrecidas que precisavam ser substituídas como teve liberdade e flexibilidade mental para checar e explorar outros aspectos do seu pensamento.

A consulta com Henriette é uma ilustração do fato de que algumas pessoas podem se prender tanto em seus próprios pensamentos que parecem não encontrar uma saída. Elas acabam andando em círculos. Esse tipo de pensamento geralmente vem acompanhado de um comentário frequente: você pensa em alguma coisa mas decide que é um pensamento ruim que não deveria ter, então você não consegue examiná-lo adequadamente. Mas, quando tem coragem para questioná-lo, você ganha espaço para pensar. Cria novas opções para si mesmo. Não há motivo para conversar com alguém que vai te confortar e te tranquilizar na base da empatia, ou que te dê um tapa dizendo: "Não se deve pensar assim!". Você precisa de alguém que escute genuinamente o que você está dizendo, mas que permita um pouco de distanciamento, ousando fazer a pergunta que vai um pouco mais fundo.

Exercício: treine sua neutralidade empática

Decida ter uma conversa na qual tudo o que você faz é perguntar. Esse exercício funciona melhor se você encontrar um colega e explicar o que pretende praticar. Peça à outra pessoa que fale sobre algo que a irritou, algo ainda fresco na memória, das últimas semanas. O cara que furou fila no supermercado, o motorista que dirigia colado na traseira em plena rodovia, a discussão épica com os sogros, uma situação no trabalho.

Enquanto a outra pessoa fala, você escuta. Não se identifique com a tragédia dela, nem confirme suas emoções. Não faça comentários como "Que falta de educação!" ou "Ai, que pena!". Só escute e permaneça em silêncio. Então, quando a outra pessoa terminar de falar, faça uma única pergunta factual. Quem mais estava lá? Quanto tempo durou a briga? Como você se sentiu? O que te deu raiva? Assim que terminar sua pergunta, fique em silêncio e escute. Então, quando a pessoa responder, faça mais uma pergunta. Repita esse processo. É para parecer contraintuitivo. Estamos tão acostumados a conversar juntos, oferecendo confirmação à outra pessoa enquanto ela fala. Mas é assim que deve ser: neutralidade empática é o oposto radical dos nossos hábitos confortáveis de conversa.

Desenvolva sua resposta socrática

Um filme que não me canso de assistir é *12 homens e uma sentença*, um drama de tribunal clássico. Gira em torno de doze membros de um júri, todos homens – assim era a vida em 1957 –, que precisam decidir o destino de um adolescente de um bairro periférico, acusado de matar o próprio pai.

Os doze homens são informados de que, se o veredito for "culpado", o garoto será condenado à morte. Não só isso, mas o veredito, seja "culpado" ou "inocente", deve ser unânime. Após as apresentações no tribunal, os doze homens se retiram para a sala do júri e começam a deliberar.

Eles decidem começar com uma votação. O presidente do júri pede que todos os que acham que o garoto é culpado levantem a mão. A essa altura, estamos no minuto quinze do filme. Os doze homens, cada um com sua personalidade, inclinações e frustrações, votam. Onze levantam as mãos, e começam a olhar em volta, desesperados para ver quem foi único objetor: o jurado número oito, interpretado por Henry Fonda. O que se segue é uma análise fascinante de uma dinâmica em grupo.

Um jurado começa a rir. "Ô, meu rapaz! Sempre tem um."

"Acha mesmo que ele é inocente?", outro pergunta.

"Não sei", Fonda responde depois de hesitar por um momento.

"Quer dizer, você se sentou no tribunal e ouviu as mesmas coisas que nós ouvimos. O homem é um assassino perigoso. Dava pra ver."

"Onze homens concordam", alguém acrescenta. "Ninguém precisou pensar duas vezes, exceto você."

"Quero te perguntar uma coisa", diz outro. "Você acreditou na versão dele?"

Fonda responde: "Não sei se acredito ou não. Acho que não... é que... estamos falando da vida de alguém. Quer dizer, não podemos decidir em quinze minutos. Vai que a gente erra."[8]

A resposta dos demais jurados é um exemplo didático de uma dinâmica em grupo: a maioria sempre vai tentar convencer a minoria. O presidente do júri vai direto ao ponto: "Se o cavalheiro que está discordando puder nos dizer seus motivos. Sabe, nos dizer o que ele acha... podemos mostrar onde ele provavelmente se confundiu".

O homem ao lado acrescenta: "Me parece que depende de nós convencer este cavalheiro de que nós estamos certos e ele está errado. Talvez se cada um tirar um minuto ou dois...".

O reflexo sufocante do grupo é puxar a minoria para o lado da maioria o mais rápido possível. "Aquele cavalheiro" precisa ser convencido de que o grupo está certo. Não sei você, mas é um reflexo que certamente reconheço de algumas reuniões, encontros maiores e discussões em grupo. Mesmo durante conversas de família ao redor da mesa da cozinha quando eu era mais nova, a voz discordante sempre precisava ser colocada na linha, de volta na direção do consenso geral; quanto mais rápido, melhor.

A resposta socrática é o oposto radical a isso: tem a ver com dar à voz da minoria todo o espaço de que ela precisa. Por quê? Porque é ali que pontos de vista interessantes, novas ideias, opções alternativas e um olhar fresco podem ser encontrados. Geralmente somos rápidos em silenciar outras vozes, apesar de muita sabedoria poder ser encontrada ali.

Em *12 homens e uma sentença,* Henry Fonda finalmente consegue convencer os outros onze jurados da inocência do acusado. Ao revelar todas as evidências de maneira bem pensada e crítica, mais e mais jurados são convencidos a mudar de ideia. No final, o garoto é absolvido.

Exercício: treine sua resposta socrática

Quando você encontra alguém com uma opinião discordante, um argumento que não bate com o seu ou até mesmo um ponto de vista que você considera repreensível, se afaste da tendência inicial a tentar "consertar" a outra pessoa. Em vez disso, tire um tempo para mergulhar no pensamento do outro. O que de pior pode acontecer? No mínimo você pode ter uma ideia ou duas e, no processo, o pensamento da outra pessoa pode acabar sendo cutucado também. Vocês dois podem acabar um pouco mais sábios.

"Expulsem todos os estrangeiros!" – a resposta socrática levada ao extremo

Treinar seu reflexo socrático é uma coisa; mantê-lo em jogo quando as coisas ficam pesadas é outra bem diferente. Um professor do ensino médio que conheci me contou sobre um dos alunos dele. Vamos chamá-lo de Danny. Durante uma discussão em sala de aula, ele soltou a seguinte declaração: "Está na hora de expulsar todos os estrangeiros!". É bem chocante quando um dos seus alunos solta uma opinião assim. Seu reflexo inicial pode ser interferir e corrigir, para que ele mude de ponto de vista. Você pode sentir sua raiva crescendo, ou vontade de tirá-lo da sala ou dar a ele um trabalho como punição.

Em essência, a mensagem piscando na sua cabeça é: "Você não deveria nem pensar uma coisa dessas, que dirá gritar na frente de todo mundo!". É compreensível, mas há chances de que essa resposta não seja particularmente útil. Se você expuser sua visão, Danny estará muito mais inclinado a firmar os pés e defender sua posição do que se engajar em um posicionamento de perspectiva ágil. Em vez disso, tente se inspirar em Sócrates e Epiteto. Se você deixar que eles te guiem, pode acabar fazendo progresso.

Usando sua resposta socrática, ative a própria curiosidade e admiração, e faça ao Danny uma pergunta genuína. Nesses casos, quando o pensamento da outra pessoa é muito distante do seu, há um mundo de diferença para descobrir e muito chão para percorrer. Não importa se você discorda completamente do que a outra pessoa tem a dizer; ninguém *precisa* acabar concordando com ninguém. O que você está fazendo é um esforço genuíno de se colocar na posição do outro, sem julgamento. O último ponto sobre o julgamento é vital, porque é fácil fazer uma pergunta com pitadas de crítica, aversão e nojo, e aí você não chegará a lugar nenhum.

No caso do Danny, você pode se perguntar: "De quais estrangeiros você está falando exatamente? Todos eles? Apenas alguns deles?", "Qual seria o critério para expulsá-los do país? Seria uma resposta a algo que eles fizeram? Ou o simples fato de eles ou os pais deles terem nascido em outro país já basta?".

Eu ficaria bem curiosa para ouvir os argumentos dele em resposta. Que tipo de lógica eles seguem? Se você consegue entrar em uma conversa com Danny e fazê-lo sentir que você deseja genuinamente entender seu jeito de pensar sem tentar mudá-lo de imediato, então você consegue dar um passo adiante e tentar ampliar o pensamento dele um pouquinho, convidando-o a explorar ideias e alimentá-las. "Se todos os estrangeiros precisam ir embora porque não nasceram aqui, e os seus amigos? Eu sei que você se dá bem com Amir. Ele não nasceu aqui, e, de acordo com seu critério, isso o torna um estrangeiro. Então, teríamos que expulsá-lo também. Como isso funcionaria exatamente?"

Se retirar de uma discordância ativa não é a mesma coisa que aprovar ou concordar com o ponto de vista expressado. Ainda assim, há uma armadilha com a qual geralmente nos deparamos: a não ser que eu parta para a ofensiva, estou concordando de maneira implícita com o que está sendo dito. A tendência é pegarmos nossa cartola mágica e tirar de dentro dela um monte de opiniões para impressionar ou repreender a outra pessoa, mas isso simplesmente não funciona e pode acabar aumentando a polarização. A outra pessoa só fica mais e mais convencida de que está certa, e você também. E, como ninguém ouve ninguém, os dois acabarão se tornando vozes gritando no vazio.

A resposta socrática pode adicionar profundidade a muitas discussões ou diferenças de opinião. No mínimo, ela pode prover flexibilidade: você estende seu pensamento para além do seu ponto de vista e se permite enriquecer com outra perspectiva. No exemplo que vimos, uma série de perguntas socráticas bem calibradas poderia dar ao Danny novas ideias, ou pelo menos confrontá-lo com os limites de sua própria afirmação. Isso por si só já é um desenvolvimento valioso, e não um que se pode alcançar simplesmente gritando "Você não pode dizer isso!".

A atitude socrática: prolongando a irritação – faz parte do jogo

As pessoas nem sempre estão no clima para serem questionadas sobre seus pontos de vista. Treinar sua atitude socrática geralmente envolve não reagir do jeito como as pessoas esperam que você reaja. Você não mantém o papo agradável, não oferece conselhos, não responde de maneira necessariamente empática com afirmações familiares. Isso pode, às vezes, provocar uma resposta irritada. E tudo bem. Não há tração sem fricção, certo? Quando a irritação surge, geralmente é porque você fez uma pergunta que deixou alguém pensando. Ou você apresentou um bom argumento. Às vezes significa ter que engolir em seco e se preparar. A outra pessoa pode acabar descontando a raiva em você.

Lembro-me de ter adotado uma atitude socrática em uma conversa com minha mãe e provocado uma reação bastante irritada. Fui passar as férias no México e não liguei para ela avisando que cheguei em segurança. Minha mãe não ficou nada feliz.

"Uma filha deve ligar para os pais quando sai de férias!", ela insistiu.

Me sentei no modo socrático total: em vez de responder empaticamente, fiquei curiosa sobre a origem daquele valor de julgamento dela. Sem tentar me defender, me perguntei genuinamente se era verdade que "uma filha deve ligar para os pais quando sai de férias". Perguntei o que a deixou irritada, sobre as ideias por trás daquela suposição, os comos e porquês daquele dever de filha. Minha resposta calma deve ter provocado ainda mais irritação, porque depois de um tempo ela gritou, furiosa: "Podemos ter uma conversa normal?".

Respondi – surpresa! – com uma pergunta. O que ela entendia do termo "conversa normal"?

"Você sabe... normal! Com emoções e tal!"

Essa resposta me ensinou duas coisas:

1. As pessoas geralmente qualificam uma conversa como "normal" quando emoções são expressadas. Mas vale a pena perguntar se esse é mesmo o caso ou se tais emoções de fato ajudam na sua conversa.
2. Se alguém espera ou precisa de empatia e não a recebe, isso geralmente resulta em decepção e frustração. Então você sempre tem a opção de responder com empatia e compreensão para começar, e aí ir transacionando para um diálogo mais socrático ao fazer perguntas. Se decidir não fazer isso e se ater a fazer perguntas em um espírito de curiosidade e admiração, então não há escolha além de aceitar a irritação da outra pessoa pelo que ela é: parte do processo, que não pode ser levada para o lado pessoal.

A estrutura de uma discussão socrática

No mundo dos negócios e no amplo mundo das artes e centros culturais, o termo "discussão socrática" vem surgindo cada vez mais. O ponto inicial deste livro é tanto a atitude que você treina ao ter esse tipo de troca quanto a estrutura da discussão socrática em si. É uma estrutura que pode te ajudar a fazer perguntas muito incisivas e relevantes. A leitura deste livro pode não te fazer seguir instantaneamente cada nuance dessa discussão e dominar todas as técnicas, mas vai te ajudar a entender o tipo de coisa que você pode esperar assim que começar a praticar suas habilidades questionadoras recém-adquiridas.

Uma discussão socrática é um encontro de mentes, uma conversa exploratória sobre nosso processo de pensamento, no qual os participantes investigam o que eles pensam e por que pensam. O objetivo, mais uma vez, é a sabedoria. O que queremos dizer quando usamos certos conceitos? O que achamos de determinada situação? Não é uma discussão na qual tentamos convencer alguém ou defender nossa opinião, mas uma investigação aberta sobre "qual é o caso", procurando pressuposições escondidas e trabalhando rumo à sabedoria. Nossas palavras e ideias ficam mais afiadas pelas palavras e ideias dos outros. E o resultado é, geralmente, uma visão mais confiante e compartilhada.

A discussão socrática é um jeito de chegar à sabedoria juntos, questionando infinitamente as afirmações uns dos outros. Muitas discussões têm sido levantadas em empresas e ambientes recreativos: em grandes bancos e unidades de saúde, entre médicos e advogados, em grupos de amigos e até mesmo em prisões. A natureza do método se abre em um leque amplo de aplicações e setores da sociedade.

O processo de um diálogo socrático

Um diálogo socrático tem uma estrutura fixa, emprestada da abordagem usada por Sócrates há mais ou menos 2.500 anos. Isso envolve um número de princípios-chave. É importante se familiarizar com esses princípios porque eles são inerentes a fazer boas perguntas, desenvolver uma atitude filosófica e buscar conhecimento compartilhado e verdadeiro. Quanto mais bem preparado você estiver, mais fácil será permanecer verdadeiro aos seus próprios instintos e confiar nas suas próprias perguntas.

Um diálogo socrático é uma exploração que começa com uma única questão filosófica

Um diálogo socrático é centrado em uma única questão filosófica, uma questão relevante para todo o grupo. O tipo de questão com a qual o Google não vai te ajudar. A resposta não pode ser encontrada na Wikipédia, nas colunas de um jornal ou nas páginas de uma revista de estilo de vida. É o tipo de pergunta que você só pode explorar ao se tornar mais sábio com outras pessoas, pensando muito, por muito tempo, fazendo perguntas uns aos outros. E também formulando as respostas, questionando-as e explorando novos conceitos no meio do caminho.

Na sua conversa com os outros, sua própria visão fica mais definida. Você treina ao expressar claramente seu ponto de vista na discussão em grupo, ao escutar aberta e atentamente e ao fazer perguntas. A questão que inicia um diálogo socrático sempre consiste em um ou mais conceitos grandes e abstratos que o grupo quer explorar. O que é justiça? Quando é permitido mentir? Quando você deve parar de ajudar? O que um profissional da medicina pode decidir em nome do seu paciente? Um juiz pode ter sua própria opinião? Quando o roubo é justificado? Perguntas interessantes e provocadoras com o poder de engatilhar respostas emotivas. Perguntas que abrem a porta para explorar novas perspectivas, descobrindo conexões e investigando novas formas de pensar.

Junto à questão filosófica central, um diálogo socrático é conduzido com base em um único caso de estudo levantado por um dos participantes: uma experiência da vida real que é o foco de toda a conversa. Conceitos grandes da vida, como "mentir", "justiça" e "cooperação", ganham um significado maior ao serem testados e aplicados na praticabilidade da existência cotidiana.

Geralmente não é tão desafiador falar em termos abstratos. Se eu pergunto a um grupo "O que é mentir?", raramente alguém terá dificuldade em levantar uma definição justa e coerente com a qual todos os membros consigam mais ou menos concordar. É possível responder a uma pergunta como "Quando você deveria parar de ajudar?" com uma resposta generalizada que faça sentido e soe impressionante o suficiente. Mas a história é outra quando focamos consistentemente uma situação específica da vida real. É aí que você começa a descobrir que respostas amplas não servem de muita coisa. Você se pega tendo uma posição cativa, e sendo obrigado a explicá-la. Essa resposta específica neste caso específico constitui uma mentira? Por quê? Por que não? Essa ação específica pode ser descrita como "ajudar"? Trabalhar com um único exemplo fornece uma estrutura e dá mais profundidade à conversa.

Conduzi uma discussão socrática focada na seguinte questão: "Devo mentir para um amigo?". Pedi que cada participante escrevesse suas respostas iniciais de sim ou não, junto com um argumento que sustentasse a resposta. As opiniões ficaram divididas. Alguns achavam que mentir era permitido para proteger a outra pessoa ou por uma boa causa. Outros discordaram e sentiram que, em uma amizade verdadeira, você sempre diz a verdade.

Uma participante do grupo, Esther, apresentou o seguinte caso para estudo:

Uma das minhas melhores amigas nunca teve muita sorte com relacionamentos. Namorados terminaram com ela sem motivo, caras saíam com outras pessoas sem ela saber, homens que a tratavam mal – esse tipo de coisa. Algumas semanas atrás, ela veio me visitar, toda apaixonada. Conheceu um cara que era carinhoso, charmoso e engraçado. Eles já estavam saindo há semanas e ela estava completamente apaixonada por ele. Estava feliz como eu não a via há um bom tempo.

"E ele é amigo de um amigo seu", ela acrescentou, procurando algumas fotos no celular. Quando me mostrou as fotos, tive que morder a língua. Reconheci o rosto dele e o conhecia pelo nome e pela reputação. Amigos já tinham me contado que ele sempre ficava por ficar com outras garotas e tinha alguns problemas com a polícia. "E aí?", minha melhor amiga perguntou. "O que você acha?"

Não tive coragem de contar a verdade para ela. No final, tudo o que eu disse foi: "Ah, sim, eu conheço ele, mas só por alto. Ele parece ser um cara legal. Que bom que vocês estão felizes juntos".

E foi aí que as coisas começaram a ficar mais interessantes. Ela mentiu? E tudo bem mentir naquela situação? Já que estávamos falando sobre o assunto, é possível chamar essa amizade de genuína? Por quê? Por que não? O grupo explorou esse caso específico e examinou os conceitos associados a ele: mentira, verdade, amizade, condicionalidade, lealdade, proteção, relacionamentos e muito mais. Mergulhar a fundo nesse caso permitiu que eles examinassem seus pontos de vista com mais clareza em relação uns aos outros. Os participantes realmente precisaram despejar seus processos de pensamento e mergulhar no ponto de vista dos outros, fazendo uma pergunta após a outra enquanto exploravam as sutilezas da situação. Tudo em busca da sabedoria.

No fim da discussão, pedi que todos olhassem para suas respostas iniciais de sim ou não para a pergunta "Devo mentir para um amigo?". Eles ainda expressavam seus pontos de vista da mesma forma? Ou mudariam ou pouco? Ninguém permaneceu com a resposta inicial. Durante a discussão que tinham acabado de ter, conceitos ganharam um novo significado, nuances e conexões ficaram mais claras e eles se tornaram mais capazes de enxergar o cerne da questão, pelo menos aos seus olhos.

O desfecho de uma discussão socrática vai muito além de "Sim, bom, nós trocamos algumas ideias por um tempo e acabamos entendemos". Ela continua gerando cada vez mais oportunidades para exploração e questionamento. Você continua a descobrir novos conceitos dignos de serem questionados e novas associações para ponderar, e a atitude filosófica e as habilidades que vem exercitando vão ficando mais naturais para você.

Uma discussão socrática não começa com definições

Frequentemente, quando conduzo uma discussão socrática, alguém começa dizendo "Sim, mas não é melhor começar definindo o que entendemos por visão / justiça / coragem / amizade / mentira / ajuda?".

É compreensível, claro: há um apelo inegável em trabalhar com uma boa definição sólida que nos dá a sensação de controle, de algo para nos apoiarmos. Mas em uma discussão socrática isso tende a ser contraprodutivo. Na verdade, não ajuda em nada.

Conceitos e rótulos só têm significado quando você os atrela a alguma coisa.

Uma discussão socrática da qual me lembro bem envolvia professores e diretores de uma escola. A questão que usamos como ponto inicial foi: "Quando é que uma visão acaba atrapalhando?". O cenário cotidiano que observamos foi oferecido por uma professora do ensino primário chamada Lara. Ela trabalhava em uma escola que havia formulado uma visão muito clara sobre o ensino de artes. Essa visão tinha um foco forte no processo artístico, com a ênfase clara na autonomia e autoria por parte dos alunos. O papel do professor era limitado a supervisionar e guiar gentilmente o processo, e não ditar ou direcionar. Uma nova professora havia sido contratada para dar aula para uma turma de alunos de seis e sete anos. Na entrevista de emprego, ela disse que concordava totalmente com aquela visão, que tinha a mente aberta e estava ansiosa para aprender. Na prática, entretanto, foi o oposto: a nova professora de mente aberta se revelou presa em seus métodos antigos e deu aulas tradicionais sobre temas preestabelecidos. Em outras palavras, ela parecia estar ignorando por completo a visão da escola. Naquele momento, a opinião de Lara era a de que a visão da escola mais atrapalhava do que ajudava. Tanto para a nova professora quanto para os funcionários no geral.

A cena foi estabelecida para que o restante do grupo explorasse. A escola realmente tinha uma visão? Aquela visão estava atrapalhando? E quem estava atrapalhando a visão? A nova professora? Os professores no geral? Ou só a Lara? Começamos a explorar essas perguntas quando outra professora parou a discussão e disse: "Não é melhor definirmos o que é 'visão' primeiro? Acho que todos nós temos ideias diferentes sobre o que isso significa de verdade".

Ela não estava errada. Cada membro do grupo poderia ter uma ideia diferente do que constituía uma visão. Mas isso é algo que eles vão descobrir no caminho, quando começarem a aplicar o conceito ao caso que Lara apresentou. Caia na "armadilha da definição" e podem se passar horas enquanto você luta com teorias abstratas do que qualifica ou não qualifica uma visão. Ou o oposto pode acontecer: alguém formula o que parece ser uma definição perfeitamente aceitável e todos concordam mais ou menos com ela, mas em cinco minutos você precisa revisar sua definição porque ela não se encaixa muito bem na situação. Uma discussão socrática nunca começa com a definição de conceitos. Em vez disso, ela se dispõe a descobrir o que os conceitos significam ao aplicá-los, e não engessá-los com definições generalizadas.

Outra ocorrência bem comum: depois da pausa, alguns retornam à discussão socrática radiantes de orgulho, com seus celulares na mão. "Problema resolvido! Eu procurei no dicionário. Olha só o que ele diz sobre justiça / coragem / ajuda / orgulho..." Atualmente, minha resposta padrão é: "E o que *você* acha? O dicionário está certo? O que ele diz se aplica a essa situação?".

Fazemos declarações o dia todo. Resumimos o que pensamos de certa situação. "Ele não deveria ter mentido, dadas as circunstâncias." "Gente que fala de boca cheia não respeita os outros." "É tão bom trabalhar com a Olga." Ainda assim, quando você assume uma posição sobre uma questão em particular, geralmente não fica claro no que o seu posicionamento se baseia. Seu veredito é como a parte final de uma piada sem o começo: você não sabe por que acha que aquela pessoa não deveria ter mentido, por que quem fala de boca cheia é mal-educado ou o que há de tão bom em trabalhar com a Olga.

Ter uma discussão socrática te permite descobrir exatamente o que há por trás dessas afirmações. Você descobre julgamentos, valores, argumentos e suposições sobre a natureza humana que, em alguns casos, nem sabia que tinha. Como resultado, uma discussão socrática é um pouco como rebobinar o processo de pensamento de uma pessoa: alguém faz uma declaração sobre a realidade e, ao fazer perguntas que te levam para trás de tal declaração, você vai fazendo o caminho de volta até os argumentos nos quais ela é baseada.

"É tão bom trabalhar com a Olga."

"O que há de tão bom em trabalhar com a Olga?"

"Bom, para começar, ela sempre chega na hora."

"Então, a pontualidade torna uma pessoa boa de se trabalhar junto?"

"Sim, de fato, acho que sim. Olga é pontual, e isso faz com que seja bom trabalhar com ela."

Embora "pontualidade" seja um argumento definidor para uma pessoa, necessariamente não será para outra pessoa. Ela pode achar bom trabalhar com Olga porque ela é amigável, porque leva torta de maçã para toda a equipe de vez em quando ou porque ela faz um café bem forte.

Quando assentimos em concordância para uma declaração como "É tão bom trabalhar com a Olga", "Formamos um time muito bom" ou "O que Jack fez foi imperdoável", não há garantia de que todos nós estamos concordando com a mesma coisa.

Em uma discussão socrática as pessoas trabalham rumo ao consenso

Enquanto você desenvolve sua atitude questionadora, uma das coisas mais importantes para manter em mente é: trabalhar rumo a um consenso. É mais comum terminarmos em um cabo de guerra do que em uma discussão aberta, levados pela nossa determinação em convencer a outra pessoa. Mais do que tudo, queremos que os outros vejam as coisas do nosso jeito.

Trabalhar rumo ao consenso pode soar um pouco piegas, mas não é. Não tem a ver com fazer meras concessões e tropeçar até alcançar a segurança aparente do senso comum. Nem mesmo com deixar as coisas no meio da concordância e da discordância. Trabalhar rumo ao consenso significa continuar buscando. Continuar procurando por nuances, pelos limites externos de vários conceitos e suas interpretações, por diferenças e semelhanças. Com certa frequência nossas conversas param bruscamente quando as coisas começam a ficar interessantes, quando as diferenças vão ficando mais claras. De repente nos retiramos, colocando nossas descobertas sob o voto da maioria ou usando o bom e velho "Essa é minha verdade" ou "Você tem direito a ter sua opinião".

"Minha verdade" e "sua opinião" são a pena de morte de uma conversa boa, profunda e talvez até filosófica. Se a filosofia prática está ligada ao desejo de se tornar mais sábio e à busca pelo conhecimento verdadeiro compartilhado, então esse conhecimento precisa se colocar acima da experiência pessoal de todos. "É assim que eu me sinto sobre as coisas" não é uma declaração sobre a realidade e não é um argumento que podemos examinar juntos; assim, a pergunta "Isso é verdade?" é sempre primordial na busca por sabedoria.

Uma observação como essa não consegue lidar com a realidade e não faz nada mais do que descrever os sentimentos individuais de uma pessoa sobre as coisas. Ao responder a uma declaração como "Eu sinto que Ibrahim tinha pleno direito de agir dessa forma", não há como ir muito além de "OK, obrigado por compartilhar". O mesmo vale para uma declaração como "Acho que o nosso trabalho juntos nesse projeto não foi efetivo". Essa é uma declaração clara de sentimento ou opinião, mas vocês não podem explorar a realidade dessa declaração juntos, e há pouco sentido em avaliar a verdade de um sentimento ou opinião. A menos que a outra pessoa esteja deliberadamente tentando nos enganar sobre como ela se sente ou no que ela acredita, é claro que é verdade quando ela diz "É assim que eu me sinto" e igualmente verdadeiro quando ela diz "Eu acredito que...".

Declarações como "Ibrahim agiu de forma justa" ou "Não houve cooperação efetiva nesse projeto" *podem* ser questionadas e examinadas. Você pode analisar se as pessoas trabalharam juntas ou não, ou se foi efetivo ou não, assim como estabelecer o motivo. Você pode descobrir exatamente como Ibrahim agiu e avaliar se foi justo. Um sentimento ou opinião são questões privadas. Sinta-se livre para tê-los e compartilhá-los, mas não os use em uma conversa filosófica como material de pesquisa, porque eles não terão utilidade alguma.

Trabalhar rumo ao consenso tem muito a ver com a pergunta "Essa declaração é verdadeira?". E isso só faz sentido se essas declarações forem de fato sobre o mundo real, e não opiniões subjetivas. Também vale a pena notar que trabalhar rumo ao consenso é diferente de alcançar um consenso de fato. Alcançar não importa tanto assim; o que conta em uma discussão socrática é o trabalho em si. O objetivo e a força motivadora por trás da discussão: o desejo de continuar buscando, a partir de uma posição do não saber e com um espírito curioso.

Miriam van Reijen, uma colega filósofa prática, me contou sobre uma discussão socrática que ela conduziu certa vez. O caso escolhido para discutir foi levado por um pai, em relação à sua filha. A filha não estava em um bom momento: afundada em dívidas, relacionamentos destrutivos e vício em drogas. O pai tentou ajudar dando dinheiro a ela. No início ocasionalmente, mas depois como um pagamento mensal. Ele esperava que o dinheiro a ajudasse a colocar a vida de volta nos trilhos. Não ajudou. Ele descobriu que o dinheiro estava sendo usado em drogas e decidiu interromper os pagamentos, mas só depois de cinco anos.

A análise socrática, então, lidou com a questão: "Quando você deve parar de ajudar?". Um participante disse que nesse caso o pai deveria ter parado de ajudar muito antes. Outro discordou: "Não, você nunca deveria parar de ajudar sua própria filha". Todos tinham suas próprias ideias de quando se deve parar de ajudar. Miriam explicou: "No fim, o consenso ao qual chegamos – mais ou menos – não foi encontrado no caso em si, mas em outro nível, mais amplo: concluímos que você deve parar de ajudar quando a ajuda não está mais ajudando".

Esse é um exemplo no qual o consenso não pode ser alcançado no nível concreto, e sim mais abstrato. Mesmo assim, ainda há mais para questionar e mais para descobrir. Em que ponto nesse caso a ajuda parou de ajudar? E quem decide quando algo não está mais ajudando: quem fornece ou quem recebe a ajuda? Faça mais algumas perguntas e o consenso que você achou ter alcançado certamente vai desabar. E é por isso que *trabalhar rumo ao* consenso é tão importante. É o que mantém a conversa fluindo, mantém a engrenagem girando, garante que o processo é investigativo e que os participantes estão dispostos a continuar. No entanto, quando você para de trabalhar rumo ao consenso e começa a *alcançar* um, antes de perceber, sua discussão terá se transformado em um debate polarizado ou em um local de conversinhas aleatórias.

Exercício: continue buscando por um consenso

Tenha uma conversa com alguém, começando com uma pergunta para a qual nenhum dos dois tem uma resposta e que ambos achem que vale a pena explorar. "Você pode mentir para um amigo?" pode ser uma boa para começar. Inicie pedindo um exemplo: você já mentiu para um amigo? Se sentiu justificado na ocasião? Por que mentir pareceu a coisa certa a ser feita? Aquela mentira seria certa sob qualquer circunstância?

Prepare-se para descobrir novas ideias, e não para convencer a outra pessoa de que você está certo. Ajuda se você decidir não focar sua opinião por um tempo, mas simplesmente escutar o que o outro tem a dizer. Ouça com sinceridade o ponto de vista dele e só então expresse o seu, de forma coesa e clara. Então, continue buscando um consenso juntos. Onde suas visões se intersectam? Onde elas divergem? Essas diferenças podem ser interligadas?

Aceite que vocês não precisam alcançar um consenso. Trabalhar rumo a ele é o mais importante. Você pode perceber que está se afastando da "busca pelo consenso" e tentando convencer, ou pode notar que pararam de pensar coletivamente e começaram a defender a própria opinião. Quando se tornar ciente disso, pare e pense. O que te fez abandonar a busca pelo consenso e ficar na defensiva? Como evitar isso da próxima vez?

Aqui vão algumas ideias de perguntas para começar:

- Quando a violência é justificável?
- Devo ajudar os necessitados?
- Quando uma pergunta passa dos limites?
- É preciso sempre ser honesto?
- Roubo é necessariamente imoral?
- É aceitável não respeitar os limites de alguém?

Enquanto desenvolve suas habilidades de questionar, você poderá encontrar as mesmas coisas que Sócrates encontrou: resistência, *elenchus* e *aporia*. Vamos explorar estes dois últimos termos com mais detalhes nas próximas páginas; embora eles tenham nome de doenças, seus significados são um pouco menos assustadores.

Elenchus

Um elemento-chave nos diálogos de Sócrates é *elenchus*, que significa "refutação", mas vem do grego "causar vergonha"[9] ou "olhar com escrutínio". Achamos que sabemos de todas as coisas com certeza. Sócrates acreditava que, antes de aprender qualquer coisa, você precisa desaprender o que acha que sabe mas na verdade não sabe. O princípio-base desse método era alcançar o conhecimento real por meio do não saber. Um tipo de "teste do pensamento", de não saber e estar ciente de que você não sabe. Como Sócrates enxergava, isso era necessário para que se alcançasse o esclarecimento mais substancial e profundo de uma questão.

Todos temos uma grande pilha de julgamentos, ideias, crenças, valores e normas que determinam nosso comportamento. Mas eles não necessariamente formam algo inteiro e consistente. Algumas são normas inventadas e valores que adquirimos ao longo da vida, geralmente graças aos nossos pais e professores, que preenchem lacunas, suposições inconscientes, distorções e crenças falsas, muitas sendo contraditórias. Nessas discussões, Sócrates começava tentando trazer essas contradições à luz ao testá-las e escrutiná-las mediante um questionamento esperto, a fim de mostrar à pessoa com quem estava falando que suas ideias já existentes eram inadequadas. Essa refutação, ou *elenchus*, geralmente deixa as pessoas envergonhadas ou constrangidas, enquanto ficam mais cientes de que muito do que acreditam – e defenderam com unhas e dentes – na realidade não faz sentido algum.

> Ao se defender no caso que os atenienses levantaram contra ele, Sócrates diz:
>
> Chaerephon [...] foi a Delfos e, corajosamente, pediu que o oráculo lhe dissesse se havia [...] alguém mais sábio do que eu, e os profetas Píticos responderam que não havia nenhum homem mais sábio [...].
>
> Quando ouvi a resposta, disse a mim mesmo: o que o deus quis dizer? E qual é a interpretação dessa charada? Até onde sei, não tenho sabedoria alguma, pequena ou grande [...] E, ainda assim, ele é um deus e não pode mentir; seria contra sua natureza. Depois de muito considerar, finalmente pensei em um método para testar a questão. Refleti que, se eu pudesse ao menos encontrar um homem mais sábio do que eu,

> então poderia ir até o deus com a refutação em mãos. Poderia dizer a ele: "Aqui está um homem mais sábio do que eu; mas você disse que eu era o mais sábio". Por conseguinte, fui até aquele que tinha a reputação de sabedoria e o observei – não preciso mencionar o nome dele; ele era um político que selecionei para análise – e o resultado foi o seguinte: quando comecei a conversar com ele, não pude deixar de pensar que ele não era tão sábio, embora fosse visto como sábio por muitos, e por si mesmo; logo em seguida tentei explicar que ele se considerava sábio, mas não era verdadeiramente sábio; e a consequência foi que ele me odiou, e sua inimizade foi compartilhada por muitos que estavam presentes e me ouviram.
>
> Então o deixei, dizendo a mim mesmo ao me afastar: Bem, embora eu não acredite que nenhum de nós saiba algo verdadeiramente bonito e bom, estou melhor do que ele – já que ele não sabe nada e acha que sabe; eu nem sei nem acho que sei.[10]

Sócrates fez o mesmo com escritores e artesãos, e sua experiência era sempre a mesma: ele procurava pessoas com mais ideias e conhecimento do que ele próprio e as analisava. Independentemente de quem fossem, elas acabavam se embolando nas perguntas dele e eram forçadas a admitir que na verdade não sabiam muito bem o que estavam falando em termos de justiça, piedade, beleza ou seja qual fossem suas áreas de especialidade. Por meio desse processo, Sócrates demonstrava o desconhecimento da outra pessoa, o que levava à refutação ou *elenchus*, e à percepção dolorosa de que elas não eram tão conhecedoras quanto achavam ser. Como esse não era exatamente o resultado que elas esperavam de uma conversa com Sócrates, ele acabava irritando muita gente. Ao longo do tempo, Sócrates chegou à conclusão de que as pessoas que ouvem que sabem muito sobre um assunto em particular começam a achar que são autoridade em outros assuntos também:

> Observei que até mesmo os bons artesãos cometiam os mesmos erros dos poetas; por serem trabalhadores muito bons, achavam que também sabiam sobre todo tipo de assunto, e esse defeito ofuscava sua sabedoria. Logo, perguntei a mim mesmo, em nome do oráculo, se eu gostaria de ser como eu era, sem ter o conhecimento deles ou a ignorância deles, ou se gostaria de ser como eles nos dois casos; e respondi a mim mesmo e ao oráculo que eu preferia ser do meu jeito.[11]

Elenchus é um momento na conversa em que fica tangível que nossas pressuposições iniciais, nossas declarações de abertura, geralmente se mostram fundadas em areia movediça. Assim que essa verdade é trazida e colocada sobre a mesa, há espaço para uma discussão que realmente nos levará a algum lugar. Sócrates afirmava que só há espaço para o conhecimento verdadeiro quando você sabe que não sabe. Pode-se dizer que ele começou limpando o sótão, tirando as teias de aranha e abrindo a janela. Isso não apenas confrontou as pessoas com o fato de que o pensamento delas era uma bagunça, mas também deixou entrar a luz do dia – sem falar no ar fresco –, criando espaço para que o conhecimento novo e verdadeiro emergisse.

É importante saber o que é *elenchus*. Quando você desenvolve uma atitude questionadora e começa a se perguntar sobre coisas que parecem evidentes, mais cedo ou mais tarde vai perceber contradições na história de outra pessoa. Você se pega questionando coisas que, para a outra pessoa, são tão óbvias que parece "estranho" questioná-las.

Como vimos na Parte Um, nossas convicções geralmente são costuradas à nossa identidade. Então, questionar tais convicções, mesmo de maneiras que pareçam pequenas, não vai te fazer conquistar muitos amigos logo de cara. Há um senso de vergonha à espreita, logo abaixo da superfície do não saber, e são grandes as chances de que a pessoa que vai receber suas perguntas se sinta um pouco desconfortável, nem que seja por um tempo curto. Mas isso não é necessariamente uma coisa ruim: o desabrochar do pensamento novo, frutífero e interessante geralmente se dá depois de uma boa poda de ideias antigas.

Houve situações, especialmente no começo do meu treinamento de atitude socrática, em que meus questionamentos deixaram pessoas desconfortáveis a ponto de elas começarem a projetar seus sentimentos em mim. "Meu Deus, você complica tudo!", "Não precisa se fazer de burra!", "Pare de tentar me pregar peças com as palavras – você entendeu a ideia, não entendeu?". Essas são apenas algumas das respostas que ouvi na época. Agora, quando alguém vem com declarações assim, sei que significa que estamos chegando a algum lugar. Elas tendem a surgir quando a outra pessoa começa a notar que deixou de ser completamente coerente. Um sinal claro de que está mais próxima do estado desconfortável do não saber.

Há um bom motivo pelo qual Sócrates geralmente pedia a permissão das pessoas antes de se engajar em uma conversa com elas.

Quando *elenchus* as deixava irritadas e culpando a ele ou querendo sair da conversa, Sócrates poderia lembrá-las do que fora acordado. Há um bom exemplo no trecho a seguir, uma conversa entre Sócrates e Pitágoras. Em determinado ponto, a coisa fica pesada demais para Protágoras e ele quer dispensar a conversa com um: "Ah, que seja, vamos presumir por um momento que santidade e justiça são a mesma coisa e seguir em frente...". Como este é um livro sobre conversas filosóficas, tomei a liberdade de apresentar estas citações dos *Diálogos* de Platão, na forma de diálogo:

Protágoras: Não posso simplesmente concordar, Sócrates, com a proposta de que a justiça é santa e que a santidade é justa, já que para mim parece haver uma diferença entre elas. Mas e daí? Se for melhor para você, é melhor para mim; vamos presumir, se me permite, que a justiça é santa e que a santidade é justa.
Sócrates: Perdão, eu não quero provar esse argumento com "se você quiser" ou "se me permite", mas quero que eu e você provemos: quero dizer que o argumento será provado da melhor forma se não houver um "se".[12]

Desenvolver seu Sócrates interior pode te trazer muita sabedoria, mas há um preço: as pessoas nem sempre receberão bem o seu jeito de questionar.

Lidando com as respostas ao elenchus

Quando você entra em uma conversa e faz uma pergunta atrás da outra, fique alerta aos tipos de frases que mencionei acima:

- Você está complicando tudo sem necessidade!
- Não preciso nem dizer isso!
- Olha, as coisas são assim e ponto-final!

Quando reações assim começam a surgir, você sabe que prosseguir questionando pode te levar a uma conversa fascinante e satisfatória, mas só se proceder com cuidado e com o consentimento da outra pessoa. Se você sentir que ela está ficando irritada ou frustrada, sempre pode perguntar se ela quer continuar com a discussão ou deixar para outra hora. Se você pediu permissão previamente e a outra pessoa consentiu em entrar nesse grau de exploração filosófica, você pode sempre lembrá-la do acordo prévio e confirmar se ela está feliz em continuar. Quando ela concordar em prosseguir, sua tarefa será persistir em sua atitude socrática e continuar fazendo perguntas atentas e focadas:

- O que eu estou complicando sem necessidade?
- O que não é preciso nem dizer?
- Por que as coisas são assim?

Aporia

Conversas socráticas geralmente terminam em *aporia*: um sentimento envolvente de dúvida, de não saber mais qual é o seu posicionamento. A pergunta continua sendo uma pergunta, e não há uma resposta sequer que pareça satisfatória. As ideias e os pensamentos obtidos em sua exploração conjunta podem ser numerosos sem serem conclusivos ou definitivos.

O objetivo do questionamento socrático não é encontrar outra resposta na qual você possa se agarrar, uma que dispense a necessidade de pensar. Cada "resposta" que você encontra em uma conversa socrática é um convite para continuar perguntando. É apenas ao continuar questionando que seu pensamento pode permanecer fluido. É a busca em si – a percepção de quão pouco você sabe – que te dá liberdade infinita. Quando, motivado pela curiosidade, você continua pensando e questionando até mesmo o que parece óbvio, chega um ponto em que você sente que realmente não sabe *a* resposta definitiva para nada. Mas esse sentimento do não saber alcançado pelo questionamento determinado te faz pensar com base em um fundamento muito mais forte do que antes: afinal, você examinou, questionou e explorou o assunto em questão por todos os lados. *Aporia* é complexa, mas também libertadora.

Você também pode encontrar *aporia* quando questiona seus amigos, familiares ou colegas, estranhos no bar ou na rua, ou colegas de trabalho. Depois de uma busca conjunta pela verdade, alguém joga os braços para o alto e suspira: "Eu não sei mais! Já olhei de todos os ângulos diferentes e muitos deles parecem válidos. Mas agora eu só me sinto confuso!". Não há nada de errado com isso. Muito pelo contrário: você foi confrontado com quão pouco sabe de verdade. E essa percepção é a chave para desenvolver uma atitude socrática questionadora. Essa percepção, esse sentimento desanimador de *aporia* – de "não sei de mais nada" –, é, na verdade, o ponto inicial para algo valioso: fazer uma boa pergunta. Como o filósofo prático Harm van der Gaag escreve, "Quando não sabe algo e *sabe* que não sabe algo, você tem duas opções: pode dizer alguma coisa ou pode fazer uma pergunta".[13]

***Exercício: saia em busca de* aporia**

Convide alguém para te questionar sobre uma convicção sua. Peça que a pessoa continue fazendo perguntas e que seja crítica em relação a tudo que você disser. Se tudo sair de acordo com o planejado, você chegará ao limite do que sabe com certeza e não terá escolha a não ser dizer: "Meu Deus, eu realmente não sei". Antes, você pode se pegar dizendo coisas como: "As coisas são assim". E para a pergunta seguinte – "Por que as coisas são assim?" – você não terá resposta. Bem-vindo à *aporia*! Tire um momento para experienciá-la. Você pode se sentir meio esquisito, um pouco desconfortável, mas ao mesmo tempo o mundo estará aos seus pés. Veja se consegue se revelar nesse novo mundo selvagem do "eu não sei". Afinal, não decidimos que queremos suportar a ignorância e abraçar o não saber? Bom, o momento chegou. Quais perguntas te vêm à cabeça?

Agora que sabe os ingredientes que compõem uma discussão socrática, você está mais do que preparado para treinar a elaboração de perguntas melhores e mais afiadas. Saber o que é *elenchus*, como é a sensação de *aporia* e como você pode responder a ela é de grande ajuda. Esse nível de percepção só deixa as coisas mais divertidas, mais interessantes e mais desafiadoras.

Nesta seção você descobriu o que envolve uma atitude socrática e como desenvolver uma. É preciso coragem, admiração e um desejo de se rebelar ao não saber. Você está pronto para praticar a neutralidade empática e treinar sua resposta socrática. Você está preparado para o que pode encontrar ao se engajar em conversas por esse ângulo socrático: a sensação desconfortável de *aporia* e a irritação que vem com *elenchus* são sentimentos que você terá que enfrentar. É também importante notar quando a outra pessoa está experienciando *elenchus* ou *aporia* e checar se ela está feliz em continuar antes de fazer mais perguntas. Você sabe que uma conversa socrática começa com uma questão filosófica e um caso de estudo da vida real, e que trabalhar rumo ao consenso – em vez de tentar alcançar um – é uma força motivadora essencial por trás de uma busca aberta e igualitária pela verdade.

Esse diagrama resume minha abordagem da arte de fazer perguntas. Sua essência, a fundação principal, é a atitude socrática. Quando sua essência estiver firme no lugar, formando uma fonte para suas perguntas, você pode ir para o segundo círculo: condições para questionar. E, quando tiver desenvolvido uma atitude mais socrática e as condições para o questionamento estiverem certas, você pode começar a afiar suas habilidades com técnicas práticas, dicas e armadilhas. Essas condições são importantes, e geralmente tendemos a focar puramente o círculo de fora. Há inúmeros artigos e cursos bem-intencionados que oferecem técnicas de questionamento, mas ignoram a atitude crucial por trás das perguntas e falham em considerar se as condições corretas estão estabelecidas.

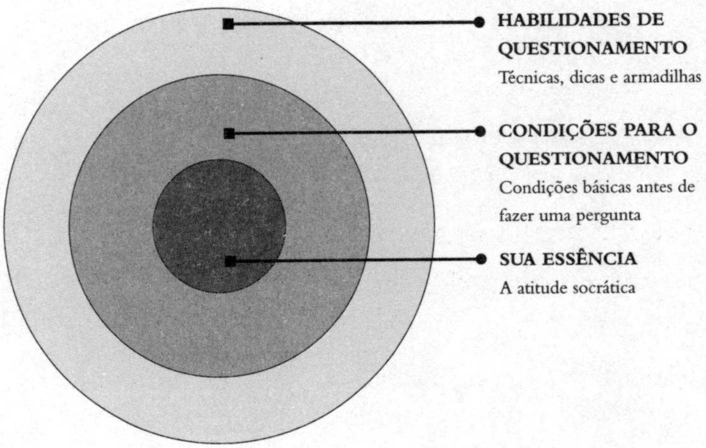

PARTE TRÊS

CONDIÇÕES PARA O QUESTIONAMENTO

"Não explique sua filosofia. Incorpore-a."

Epiteto[1]

Digamos que você tenha dominado a atitude socrática curiosa que vinha buscando. Você está familiarizado com os ingredientes de um discurso questionador e sabe como lidar com eles. Já cobrimos o básico, sua fundação está sólida. Você está de mãos dadas com a admiração e se livrou dos julgamentos e da empatia automática. E agora? Como estabelecer uma estrutura que te possibilita seguir em uma exploração socrática com alguém? O que você precisa considerar antes de colocar a arte de perguntar em prática? Quais habilidades vão te ajudar a formular boas perguntas?

PRIMEIRA CONDIÇÃO
Comece sendo um bom ouvinte

Boas perguntas são perguntas sobre a outra pessoa. Uma boa pergunta se atém à história que ela está contando, a experiência que ela está compartilhando. Quando faço uma pergunta, não deve haver uma correnteza puxando as corvinas para mim, para a maneira como *eu* me sinto em relação às coisas, ou o que *eu* acho. Apesar das nossas boas intenções, isso é exatamente o que acontece muitas vezes, e tem muito a ver com nossa habilidade de ouvir. Todos somos ouvintes bem ruins, e só ouvimos metade do tempo. Se não estamos divagando ou fazendo listas de compras enquanto a outra pessoa fala, estamos pensando no que vamos dizer a seguir ou imaginando como nos comportaríamos na situação que ela está descrevendo. Essa abordagem de escuta quase sempre vai gerar uma pergunta que não é sobre a outra pessoa, mas sobre você mesmo. Se quiser fazer uma pergunta genuinamente relevante para a outra pessoa, você precisa aprender a ouvir de verdade primeiro.

Ser um bom ouvinte – que escuta pura e simplesmente, sem inserir suas próprias interpretações, suposições e opiniões – não é tão fácil quanto parece. Exige prática. Quando você for bem-sucedido em ouvir sem impor sua própria narrativa sobre o que está escutando, vai descobrir que fica mais fácil se concentrar na história da outra pessoa. Você se tornará muito mais capaz de formar uma imagem mental do que ela está te contando, e perguntas que levam a uma compreensão mais profunda começarão a surgir naturalmente.

Para ajudar a desenvolver suas habilidades de escuta, vamos começar focando suas intenções como ouvinte.

Intenção é tudo

Há basicamente três intenções, ou posições, da escuta:

1. A primeira posição é a do "eu", e pode ser resumida pela frase "O que eu entendo disso?". Escute desse jeito e você

continuará se perguntando o que você faz, pensa, sente ou diz na situação abordada: "Como eu teria resolvido isso?", "O que eu teria dito?". Você não está engajado com sentimentos, pensamentos ou experiências de quem está falando, mas sim com seu próprio ponto de vista, opiniões e ideias. Ouvir com essa intenção geralmente aciona o reflexo de consertar, ajudar ou aconselhar, ou te coloca na posição de compartilhar uma história sua. Qualquer pergunta que você fizer poderá ser sugestiva, julgadora ou enviesada. "Você não acha que ele está certo?", "Você não prefere visitar as ilhas em vez de ir para o sul?". Essas perguntas basicamente indicam como *você* se sente em relação ao assunto da conversa, e coloca a outra pessoa no papel de coadjuvante.

2. A segunda posição é a intenção do "você". Gosto de caracterizá-la como a abordagem de escuta "O que exatamente você quer dizer?". Se você escuta com essa intenção, escuta de maneira curiosa e socrática: você sabe que há muitas coisas que não sabe. Você está muito ciente de que a experiência da outra pessoa não é necessariamente igual à sua, e continua focando nela. "O que exatamente você quis dizer?", "No que você estava pensando?", "Como você se sentiu quando...?", "A que exatamente você se refere?". Com essa abordagem, você se coloca na mente da outra pessoa o máximo que consegue. Você quer entender a história e o jeito dela de pensar, compreendendo e questionando a lógica do outro. Você não tenta nem por um segundo convencê-la ou aconselhá-la. Você não está se coçando para dizer o

que faria de outro jeito e como teria resolvido a situação. As perguntas que você faz quando escuta nessa posição geralmente são aquelas que aprofundam: ou te dão mais informações factuais sobre a situação que está sendo descrita ou oferecem uma visão maior de como a outra pessoa experienciou aquela situação. São perguntas atentas, que se mantêm próximas da outra pessoa e da história dela.

3. Em terceiro lugar, temos a intenção do "nós". Gosto de chamar essa posição de "Como estamos?". Essa é, na verdade, uma metaposição, flutuando sobre a conversa e a observando de cima. Ouvindo dessa posição, você observa a si mesmo e à outra pessoa a distância, como parceiros de conversa. Você registra como está se sentindo e como seu parceiro aparenta estar. Dessa posição você pode, de repente, perceber que estão conversando em círculos, que cada frase começa com "mas", ou que a outra pessoa não está respondendo a suas perguntas de verdade, sempre saindo pela tangente. Você também percebe como os dois estão, não verbalmente. Você pode notar a outra pessoa com mãos inquietas, ou sentir os músculos dela tensionando durante a conversa.

EU

Intenção = O que eu acho?

Meus interesses

Convencer, expor sua opinião, dar conselhos

Perguntas sugestivas, perguntas retóricas, suposições

VOCÊ

Intenção = O que exatamente você quer dizer?

Escuta aberta, sem interpretação pessoal

Perguntas amplas, curiosas, feitas para compreender melhor a outra pessoa

NÓS

Intenção = Como estamos?

Observar como você e a outra pessoa estão se saindo

Registrar o que está acontecendo

A outra pessoa está dando uma resposta genuína? Estamos conversando em círculos? Todas as frases começam com "mas"?

As três intenções de escuta em um só exemplo

Imagine que está conversando com um bom amigo. Ele te diz: "Não sei o que fazer sobre o meu trabalho. Perdi toda a alegria, e o transporte entre minha casa e o trabalho está me desanimando. Nunca chego em casa a tempo de colocar as crianças na cama. Às vezes acho que devo pedir demissão, mas não tenho coragem. Quer dizer, eles pagam bem e eu trabalho com pessoas bacanas. O que devo fazer?".

Se você está ouvindo da primeira posição, pode muito bem estar *pensando*: "Aguenta, é isso que você deve fazer! Você tem tudo naquele lugar: um salário ótimo, uma boa equipe e a empresa fica a meia hora de carro. Se eu estivesse no seu lugar, me sentiria um sortudo! Meu caminho até o trabalho é muito maior e eu ganho muito menos que você!". Ou você pode pensar: "Claro, se demita! Pra que esperar? É importante passar tempo com seus filhos nessa idade, e não há segundas chances. Quando troquei de emprego para ter mais tempo com a minha família, fez toda a diferença".

E você provavelmente diria: "Se eu fosse você, reconsideraria. Você tem um emprego ótimo agora, pra que abrir mão disso?", ou "Tem certeza que pedir demissão é uma boa ideia? Quer dizer, as coisas estão bem desse jeito, não estão?", ou talvez "Sim, entendo sua posição. Aposto que há empregos excelentes por aí que vão te dar muito mais tempo com seus filhos". Apesar de todos esses exemplos demonstrarem apoio de certa fora, são apenas você compartilhando sua visão, opiniões e preocupações. Essas respostas não se engajam com o caráter, as prioridades, os objetivos e os desejos do seu amigo.

Quando ouve da segunda posição, com a intenção de entrar na mente da outra pessoa, você *pensa* em termos de perguntas: "Como essa situação tem funcionado pra você?", "O que você está pensando em fazer?", "Como está se sentindo?", "Seus pensamentos e sentimentos mudam de tempos em tempos?", "O que seu parceiro acha disso?".

Da segunda posição, você pode *dizer* esses pensamentos exatamente como foram pensados: "Como essa situação tem funcionado pra você?", "O que você está pensando em fazer?", "Como está se sentindo?". Note a simplicidade dessas perguntas e como seus pensamentos e fala compartilham o mesmo foco e ecoam um ao outro com precisão.

Em outras palavras, você mergulha na experiência da outra pessoa, sem levantar as próprias experiências como fator comparativo. Não há tentativa de consertar as coisas, facilitá-las ou diminuí-las. Isso exige autocontrole; a tendência a soltar nossas histórias, mostrar nosso ponto de vista ou impor nossa sabedoria pode ser bem forte.

Para fazer boas perguntas, é importante treinar a escuta dessa segunda posição – a posição do "você" – com a intenção de descobrir exatamente o que o outro quer dizer. Temos o hábito de escutar da posição do "eu", com a intenção de entender como podemos resolver um problema se estivermos no lugar da outra pessoa. A escuta do "O que exatamente você quer dizer?" pode parecer exigir mais esforço, mas não exige. Quando pegar o jeito, você vai notar que ela deixa a comunicação muito mais clara e calma: é apenas uma escuta "pura" da história do outro, sem precisar impor suas opiniões, ideias e compreensão do que está sendo dito. Sua mente vai começar a se aquietar.

Por fim, se estiver escutando da terceira posição, sua intenção é *registrar* como seu parceiro de conversa está, a natureza do contato de vocês dois e o que você lê na linguagem corporal dele. Você também nota sinais verbais, por exemplo, seu parceiro começando algumas frases com "Sim, mas...".

Você pode *dizer*: "Quando fala sobre seu emprego atual, seu rosto relaxa e você parece feliz. Quando fala sobre pedir demissão, você cruza os braços e desvia o olhar", ou "Notei que muitas das suas respostas começam com 'sim, mas...' O que você acha que isso significa?". Vamos explorar essa terceira abordagem com mais detalhes na próxima seção.

Exercício: troque de posição de escuta

Da próxima vez que alguém te contar sobre alguma experiência, comece escutando deliberadamente com a primeira atenção: o que *eu* entendo disso tudo? Preste atenção no que você está pensando, no que diz e em como a outra pessoa reage. Então, faça um esforço consciente de mudar sua escuta para a segunda posição: o que exatamente *você* quer dizer? Considere totalmente desinteressantes seu julgamento e opiniões, e simplesmente mergulhe na história do outro. O que aconteceu com seu jeito de pensar? Que tipo de coisa você diz? Qual o efeito disso na conexão entre vocês?

SEGUNDA CONDIÇÃO

Leve a linguagem a sério

Nosso pensamento é um furacão de imagens, sons, palavras e emoções. Mas, quando queremos transmitir nossos pensamentos para alguém, basicamente nos atemos às palavras. As palavras são o veículo principal para o nosso pensamento e comunicação, logo, para nossas perguntas. Geralmente temos uma abordagem muito casual da linguagem. "Essa palavra ou aquela, qual é a diferença?", suspiramos, "Você entendeu o que eu quis dizer, né?". É uma pena, e palavras pobremente escolhidas acabam causando confusão e estática na conexão que você está tentando ter durante uma discussão. Usando a linguagem de maneira limpa e clara, escolhendo suas palavras com cuidado, você será capaz de elucidar a conversa e fazer perguntas melhores, tornando-se mais sensível ao que a outra pessoa está dizendo. Nem sempre é um acidente quando uma pessoa usa uma palavra em vez de outra, similar, com uma nuance diferente de significado. Quando se torna mais sensível à linguagem, sua escuta se torna mais afiada em termos do que está sendo dito, o que está sendo varrido para debaixo do tapete e quais palavras e conceitos alguém prefere evitar. E isso, por si só, pode ser um recurso grandiosamente rico para suas boas perguntas.

Um tempo atrás, dei um curso chamado Filosofia na Vida Cotidiana. Pedi aos participantes que escrevessem o que queriam aprender, na forma de perguntas. Por exemplo, uma pessoa escreveu: "Como posso aprender a pensar de um jeito mais estruturado?". Outra perguntou: "Como posso trazer mais profundidade para as minhas conversas?".

Uma pergunta escrita por alguém foi: "Onde posso encontrar foco?". Pode parecer uma pequena nuance ou até mesmo um escorregão da caneta, mas o fato de a pessoa ter perguntado *onde* em vez de *como* encontrar foco pode revelar algo interessante sobre ela. Pode ser que ela veja o foco como algo a ser encontrado fora de nós mesmos, e não como resultado de um processo interno. A natureza inconsciente dessas diferenças sutis na escolha de palavras as torna interessantes de serem analisadas.

Podemos demonstrar nossas intenções verdadeiras com as palavras mais simples. Pegue as palavras "mas" e "então", por exemplo. A pergunta "Você discutiu isso com a Emily?" é fundamentalmente diferente de "Mas você discutiu isso com a Emily?" ou "Então você discutiu isso com a Emily?".

Outro exemplo é a formulação negativa. Virar a pergunta do avesso e dizer "Você não discutiu isso com a Emily ainda?" imediatamente deixa a pessoa com a sensação de que você acha que a discussão com a Emily já deveria ter acontecido há um bom tempo.

Ao usar construções negativas, ou inserindo um "então" ou um "mas", geralmente mostramos nossas asinhas sem nem perceber. Independentemente de a outra pessoa perceber ou não, a pergunta costuma soar muito menos aberta do que pode parecer.

Como Sherlock

Esse é nível de detalhe em que Sherlock Holmes exercita seus poderes de raciocínio: ele examina, observa, deduz e conclui. Um fio de cabelo loiro em uma jaqueta, arranhões em um telefone, um chapéu aparentemente esquecido em um cabideiro... trate tudo como pistas e elas podem te dizer todo tipo de coisa sobre uma pessoa. No caso de Sherlock, sendo inocente ou não, um ladrão ou um assassino de sangue-frio. Assim como Sherlock usa seus poderes de observação ao notar pistas sutis e usá-las para resolver casos aparentemente impossíveis, podemos fazer o mesmo com palavras e a linguagem. O que alguém diz ou não diz, as palavras que a pessoa usa ou não usa, podem nos prover ideias sobre como ela estrutura seus pensamentos.

Agora você pode estar pensando: "Será que sempre há um significado mais profundo? Quer dizer, a maioria das pessoas não usa as palavras que vêm à cabeça no momento? Talvez não exista nada por trás delas". Isso pode ser verdade. Mas eu argumentaria que é muito mais divertido brincar com a possibilidade de que não escolhemos as palavras aleatoriamente. Isso nos dá muito mais para explorar, pensar e aprender. Se você supõe que linguagem é algo tão simples como um emaranhado aleatório de palavras e frases, a vida se torna muito mais chata. Você para de prestar atenção, para de se perguntar por que alguém optou por uma palavra e não outra. Você se priva de uma rota importante nos padrões inconscientes de pensamento, crenças e suposições.

Linguagem e escuta superficial

Já falei muito sobre a importância da profundidade neste livro em se tratando do seu pensamento e das discussões socráticas, mas um bom jeito de afiar suas habilidades de escuta e analisar como alguém as usa é uma técnica chamada "escuta superficial". Não se faz isso sendo empático ou adotando a primeira ou segunda posição de escuta, mas usando a terceira abordagem e simplesmente escutando socraticamente as características superficiais. Isso envolve atentar para a linguagem que alguém está usando, e não para o que a linguagem significa. Ouvir como algo é dito em vez do que está sendo dito; mais forma e menos conteúdo. Primeiro você pode notar se alguém está fazendo uma pergunta, uma afirmação, se está dando uma explicação, defendendo uma declaração ou avançando em um argumento. Depois você pode ouvir os conceitos tocados pela pessoa, e se o que ela está dizendo contém contradições ou erros em sua lógica argumentativa.

Por padrão, escutamos com nossas faculdades imaginativas completamente ativadas, e nos imaginamos na situação do outro. Mesmo sem perceber, preenchemos os detalhes faltantes por conta própria, aprimoramos as frases do outro, colorimos suas imagens. No entanto, quando pratica a escuta superficial e sintoniza mais na forma do que no conteúdo, você diminui sua imaginação e se engaja mais com a outra pessoa e com o que ela está dizendo de verdade.

Essa forma de escuta também consome menos energia. Às vezes é referida como "atenção plena ativa", porque sua atenção está completamente concentrada na outra pessoa, ou, mais precisamente, nas palavras e na linguagem que ela está usando. Você não preenche lacunas nem termina os pensamentos dela, não faz correções ou adições imaginativas. Você pode chamar de uma forma de estupidez intencional. Sua intenção não é tomar o óbvio por garantido, presumir que não entende e expressar uma curiosidade quase infantil sobre o que pode estar por trás daquelas palavras.

Nossas palavras podem, às vezes, revelar nossas contradições, nossas suposições escondidas, nosso pensamento falho. Escutar socraticamente e sintonizar no nível superficial de uma conversa te permite captar essas falhas com mais facilidade. Essa técnica pode ser uma mina de ouro quando você quer que alguém reflita sobre seus próprios pensamentos. Ela te permite fazer perguntas profundas que estão firmemente focadas no que a pessoa está de fato dizendo. Você não escuta para entender, escuta para *não* entender, para poder trabalhar em conjunto com a outra pessoa na exploração do que pode estar por trás das palavras dela.

Exercício: escuta superficial

Escute uma pessoa falando sobre algo que aconteceu com ela e se concentre na linguagem usada. Não se engaje com o que acha que ela está tentando dizer, mas só com as palavras que você de fato ouve. Notou alguma contradição? A pessoa mostrou algum vício em uma palavra que ela repete toda hora? Escutou palavras como "mas", "não" e "então"? O ponto principal é escutar sem buscar qualquer compreensão profunda além do que está de fato sendo dito. O que você nota no discurso dela?

Exercício: não concorde nem discorde

Da próxima vez que for escutar uma conversa, faça isso com a convicção de que o que você pensa é totalmente irrelevante. Escute a linguagem que está sendo usada, observe como as pessoas se contradizem, sintonize a lógica do argumento e fique alerta a qualquer raciocínio duvidoso. Busque problemas na maneira como o outro está dizendo o que está dizendo, elementos que ele destaca, argumentos que não pareçam embasados nem cheirem a conversa-fiada. Tente não se preocupar com o conteúdo, nem decidir se você concorda com ele ou não.

Quando você remove a si mesmo da conversa desse jeito e deixa suas opiniões de lado, pode acabar descobrindo muitas coisas valiosas sobre o pensamento da outra pessoa. Mais adiante vai chegar um ponto na conversa em que você pode dizer o que *você* acha e explicar seu ponto de vista. Porém, quanto mais você dominar essa forma de escuta, menores as chances de sentir a necessidade de defender o seu lado.

Linguagem corporal

E a comunicação não verbal? A maneira como nos comportamos é, com certeza, tão importante quanto o que falamos. A meu ver, a arte de perguntar tem a ver com a linguagem e com o desenvolvimento da sensitividade em relação a ela. E a linguagem corporal é parte desse processo. Mesmo quando nossas palavras são escolhidas para distorcer, esconder ou amenizar a verdade, o corpo geralmente é bem mais fácil de ser lido. Então, você precisa treinar seus olhos, ouvidos e coração também. É aí que nossa terceira posição de escuta ganha força. Ela permite que você registre, da maneira mais objetiva possível, se a pessoa está se comportando de forma harmoniosa: a linguagem corporal dela e suas expressões faciais combinam com o que ela está dizendo?

Uma mulher chamada Paula veio me encontrar para uma conversa filosófica. Ela tinha questões sobre seu relacionamento e começou a se perguntar se queria morar com seu parceiro. Perguntei quais argumentos ela tinha para *não* morar junto. Sem hesitar, ela listou seus motivos: significaria sacrificar sua independência e se adaptar ao parceiro, e ela não sabia se aquilo era algo que queria, muito menos se era capaz de fazer. Enquanto falava, o rosto dela estava relaxado e animado, e ela fez seu melhor para articular os argumentos com o máximo de clareza possível. Havia música na voz dela.

Quando perguntei os argumentos a favor de morar junto, ela ficou quieta por um tempo. Seu rosto enrijeceu, o maxilar ficou tenso e ela soltou um suspiro profundo. Naqueles cinco segundos de silêncio, o que ela estava realmente pensando ficou tão claro que foi quase palpável. Embora ela ainda não tivesse tomado uma posição, era mamão com açúcar para um estranho ler o que ela realmente pensava a respeito de morar com o parceiro.

Às vezes esquecemos como pode ser útil fazer perguntas sobre informações não verbais. A linguagem corporal pode ser uma fonte de informações essenciais quando os sentimentos de uma pessoa ainda precisam ser articulados. Apontar esses sinais reveladores pode ajudar alguém a perceber seus sentimentos e começar a colocá-los em palavras.

Com Paula, decidi perguntar o que havia por trás do silêncio, do suspiro e da expressão de dor.

"Nem me dei conta de que estava fazendo isso", foi a reação inicial dela.

"No que você estava pensando quando suspirou?", perguntei.

"Na verdade, em nada. Mas me senti um pouco estressada. Me imaginei sozinha, sentada em silêncio no sofá à noite, e Erik chegando em casa querendo conversar sobre seus problemas no trabalho. Só de pensar já fiquei cansada."

"Você tem algum argumento a favor de morar com ele?", perguntei.

Mais uma vez, ela ficou quieta por um momento. Paula mordeu o lábio. E, como eu havia apontado o que o rosto e o corpo dela estavam comunicando, ela riu. "Ha! Eu estava mordendo o lábio! E então pensei: 'Nossa, agora ela vai perguntar o que *isso* significa'. E, sendo bem sincera, eu já sei. Significa que não consigo pensar em nenhum argumento para morarmos juntos, apesar de gostar da ideia. Talvez eu simplesmente não esteja pronta para dar esse passo agora."

Um suspiro, o silêncio, a inquietude, morder os lábios, fechar os olhos, franzir o rosto: todos esses sinais são um tipo de resposta, tão importantes quanto a palavra falada e, às vezes, mais fáceis de ler. Eles te indicam que sua pergunta ativou algo na outra pessoa, porque a resposta do corpo costuma ser mais rápida e mais honesta quando uma pergunta acerta em cheio. Essa informação é muito útil e merece a mesma proeminência na arte de fazer perguntas que a palavra falada.

Exercício: de olho na linguagem corporal

Quando você se engaja na escuta superficial e guarda sua empatia, isso te dá tempo e espaço para observar o que a outra pessoa está dizendo com o corpo. Observe e descreva. Qual impressão a outra pessoa está dando? O que ela está fazendo com as mãos? O que o rosto dela te diz? E a respiração? Você escuta suspiros e rosnados, ou a respiração dela está relaxada? Ela faz pausas? A postura dela muda vez ou outra?

Pergunte a si mesmo quais coisas você conseguiria notar na linguagem corporal de outra pessoa se não falasse o mesmo idioma que ela.

TERCEIRA CONDIÇÃO
Peça permissão

Anos atrás, quando comecei a treinar para fazer perguntas melhores em cursos e oficinas, uma das minhas professoras disse ao grupo: "Há um elemento de 'não tente fazer isso em casa' no que estamos fazendo. Aqui no grupo, sabemos a receita. Sabemos o que queremos alcançar e a intenção por trás desse nosso questionamento infinito. Mas vale a pena lembrar que, geralmente, a última coisa que as pessoas 'do mundo real lá fora' querem é encarar uma enxurrada de perguntas".

Ela estava certa, é claro. Mas, teimosa e ingênua como eu era, ignorei o conselho. Me apaixonei por fazer perguntas, ganhar sabedoria e me reunir com outras pessoas para pensar e explorar temas fascinantes. E, como em qualquer caso de amor recente, eu não via a hora de compartilhar a novidade com todo mundo. Aquela nova descoberta era tão incrível! Eu faria do mundo um lugar melhor e tive certeza de que todos concordariam comigo.

Calçando meus tênis, saí correndo feito um Sócrates 2.0, lançando perguntas rápidas para todos que eu conhecia. Durante os jantares de família, eu irritava todo mundo por não declarar minha própria opinião e, em vez disso, questionar as afirmações de outras pessoas e refutá-las com mais perguntas. Meus amigos não podiam mais contar com minha empatia e consolo quando me contavam sobre as brigas com os namorados ou frustrações no trabalho, mas tinham que aturar um interrogatório implacável. Quando um vendedor me convenceu dizendo: "Olha aqui, moça. Se eu lhe der um desconto, a cidade inteira vai bater aqui querendo também!", o pobre homem recebeu uma série de perguntas desafiando a verdade de sua declaração. Não surpreende ninguém o fato de que eu não me tornei superpopular forçando minha nova paixão sobre os outros. Mais triste e mais sábia – o mundo melhor que eu havia imaginado estava demorando muito para se materializar –, eu me forcei a diminuir um pouco o tom das coisas. Um pouco menos de entusiasmo, para não falar de fanatismo, parecia o caminho a seguir se eu não quisesse acabar definhando, tendo apenas Olle, meu gato, como companheiro.

Sócrates costumava perguntar explicitamente aos seus parceiros de conversa se eles estavam a fim de investigar uma questão.

Ele perguntava de antemão se podia questioná-los. E com razão. Quando você convida outra pessoa para entrar em uma conversa profunda ao questionar explicitamente seus pensamentos sobre um tema em específico, a conversa se torna uma responsabilidade compartilhada e os dois se comprometem na busca pela verdade. Se você já chegar perguntando sem essa "checagem de vontade", um diálogo socrático profundo pode acabar soando mais como um interrogatório policial.

"Se importa se eu fizer algumas perguntas sobre isso?"

"E se explorássemos essa questão juntos?"

"Está a fim de dar uma olhada nessa ideia por todos os ângulos?"

Abordagens iniciais como essas podem garantir que seu parceiro de conversa saiba o que o espera (por exemplo, perguntas investigativas e críticas). Ele estará ciente de que isso será mais desafiador do que um bate-papo amigável e pode decidir por conta própria se quer ou não participar.

O último ponto é essencial: a outra pessoa precisa sentir que tem a oportunidade de dizer "não" para a sua proposta de questionamento crítico. Não importa quanto você queira, não importa quão convencido esteja de que a outra pessoa vai se beneficiar, não importa quão curioso você esteja sobre as verdades que podem ser descobertas por meio das suas perguntas, sem o comprometimento da outra pessoa, qualquer discussão que você tentar iniciar será um exercício inútil e você provavelmente encontrará mais resistência do que qualquer coisa valiosa.

Esse comprometimento explícito também traz a vantagem de servir como ponto de referência mais tarde na conversa: se as coisas começarem a ficar um pouquinho tensas ou se você sentir que está começando a adentrar um território perigoso, vocês podem sempre confirmar se o comprometimento continua de pé dos dois lados. Isso deixa a pessoa livre para encerrar a conversa a qualquer momento, e você também pode conferir perguntando se ela ainda quer continuar. Às vezes um parceiro simplesmente não vai querer levar a conversa tão longe quanto você... a vida é assim.

Sócrates e Protágoras

Em seu artigo "O diálogo socrático como ferramenta para reflexão em equipe", o filósofo Hans Bolten nos dá um bom exemplo de como Sócrates pedia comprometimento ao seu parceiro de conversa. Ele explica de que modo Sócrates discute o tópico "virtude" com Protágoras, um sofista. Um sofista era alguém que viajava de cidade em cidade para ensinar, dar instruções, geralmente para rapazes de famílias ricas com interesse na carreira política. Era um serviço caro, e, como Sócrates tinha um amigo que estava interessado nos ensinamentos de Protágoras e teria que pagar muito dinheiro, Sócrates estava curioso para saber o que Protágoras tinha a oferecer.

"Nem preciso dizer que Protágoras já tinha seu discurso de venda pronto", Bolten escreve em seu artigo. "Ele ensina a um rapaz 'como ter prudência em negócios privados e também públicos [...] para ordenar sua própria casa da melhor maneira, e [....] como falar e agir da melhor forma para os negócios do estado'."[2]

Bolten então descreve como Protágoras fala sobre "virtude política, que procede somente por meio da justiça e da sabedoria".[3]

> "Então", diz Sócrates, "você realmente tem uma arte nobre, se não há erro quanto a isso", e prossegue expressando sérias dúvidas sobre se é possível para Protágoras

possuí-la de qualquer forma! Afinal, Sócrates diz que até mesmo "os melhores e mais sábios dos nossos cidadãos" não foram capazes de ensinar virtude aos seus filhos. Mas, se Protágoras pensa o contrário, então estou disposto a admitir que ele pode estar enganado. Em resumo, Sócrates convida Protágoras a se juntar a ele na exploração dessa questão.

> SÓCRATES: Agora [...] tendo esses exemplos diante de mim, estou inclinado a achar que a virtude não pode ser ensinada. Mas até aí, quando escuto suas palavras, estou disposto a oscilar; e acredito que deve haver algo no que você diz, porque sei que você tem muita experiência, aprendizado e invenção. E eu queria que você, se possível, me mostrasse com um pouco mais de clareza que a virtude pode ser ensinada. Me concederia essa bondade?
>
> PROTÁGORAS: Sim, Sócrates, seria um prazer.[4]

"Isso destaca imediatamente duas características da abordagem filosófica de Sócrates", Bolten explica. Primeira: ao perguntar "a virtude pode ser ensinada ou não?", Sócrates estabelece uma única pergunta muito clara. Segunda: ele estende um convite aberto para que Protágoras participe desse questionamento, e Protágoras aceita o convite. "Protágoras não é arrastado para essa exploração contra sua vontade", Bolten escreve. Esse convite pode não parecer importante, mas não deve ser subestimado:

> Pode parecer um gesto bem óbvio "conferir" se Protágoras está aberto a investigar a questão com ele e se certificar de que ele está investido o bastante na missão compartilhada – mas é muito mais que isso. A importância

desse convite não pode ser subestimada. Durante a conversa que se segue, Sócrates continua retornando à disponibilidade ou indisponibilidade de Protágoras para carregar o peso daquele esforço em conjunto. Em mais de uma ocasião, ele enfatiza que não é nem um pouco necessário ou evidente que eles façam essa investigação juntos – ambas as partes são igualmente livres para encerrar a conversa a qualquer momento. E, enquanto nenhum deles sair, eles não estão tendo a conversa por insistência de Sócrates, mas porque ambos querem.[5]

Exercício: peça permissão para fazer um questionamento filosófico

Da próxima vez que escutar alguém dizer algo interessante, um ponto que você deseja explorar, por que não lançar a pergunta: "Está a fim de dar uma olhada melhor nisso?" ou "Podemos dar uma olhada filosófica nisso juntos. Está disposto?". É claro, encontre palavras que soem naturais para você. Não importa se vocês vão mergulhar de cabeça ali mesmo ou não. Talvez a outra pessoa não tenha tempo, mas fique feliz em tentar mais tarde. O principal é se acostumar a convidar alguém para se comprometer com uma conversa profunda.

QUARTA CONDIÇÃO
Diminua o ritmo das coisas

Para fazer perguntas muito boas e explorar as respostas, você precisa diminuir um pouco o ritmo das coisas. Aceite a ideia de que um diálogo genuíno exige tempo, atenção e disciplina. Um bom diálogo – aquele no qual você segue adiante passo a passo, ouvindo os argumentos no caminho, sintonizando o que está sendo dito tanto explicitamente quanto nas entrelinhas – não funciona na nossa velocidade normal de conversa. É preciso o mesmo comprometimento e concentração de quando se está montando um quebra-cabeça difícil, fazendo caligrafia ou passando uma linha na agulha vestindo luvas de lã. Não é algo com que estamos familiarizados, então é provável que leve um tempo para se acostumar de primeira. Diálogos genuínos precisam de pensamento e fala lentos, e estas são habilidades que você deve treinar.

Leve o tempo que for, para que leve menos tempo

Certa vez assisti a uma palestra feita por um, juro por Deus, caubói. Ele não decepcionou: postura de cara durão, botas de couro, camisa xadrez e chapéu. Sua especialidade era encher contêineres. Se um dia você precisar colocar um cavalo teimoso em um contêiner atrás do seu carro, ele é o cara certo pra você. Transportar um cavalo em um reboque é um pouco como carregar um pássaro em uma bolsa de mão. Cavalos nasceram para galopar em campos abertos, então eles são claustrofóbicos por natureza. O fato de conseguirmos colocá-los em uma caixa apertada sobre rodas já é um milagre por si só.

Um número surpreendente de donos de cavalos nunca pensou em treinar seus animais para lidar com um contêiner. Quando chega a hora de levá-los ao veterinário ou a uma competição, eles fazem tudo em cima da hora e esperam que o cavalo trote alegremente para dentro do transporte. O tempo está passando, o clima está tenso e tudo precisa ser resolvido rápido. O resultado?

Um cavalo sentado sobre as patas traseiras ou usando toda a sua força em um cabo de guerra com seu dono – em resumo, a última coisa que você quer! Como seria mais fácil se, com um pouco de planejamento em uma tarde tranquila, o dono tivesse pensado "Vamos ver se consigo fazer meu cavalo entrar no contêiner. Se não der certo, tudo bem". Se tivesse feito isso, o cavalo provavelmente entraria no contêiner de imediato. Como o caubói disse durante sua palestra, a lição que fica é: leve o tempo que for, para que leve menos tempo.

Acho que o mesmo se aplica a uma boa conversa. Você precisa desacelerar para chegar lá mais rápido. A longo prazo, adotar uma intenção relaxada – a ideia de levar todo o tempo e espaço necessário para ter um bom diálogo – será muito mais recompensador do que um encontro aparentemente supereficiente, porém muito apressado.

Exercício: facinho demais

Para este exercício, é útil pedir que alguém pratique junto, assim vocês dois podem experienciar o poder de diminuir o ritmo de uma conversa. Faça uma pergunta legal, quente e estimulante. Quando seu parceiro de conversa responder, faça outra pergunta, e continue repetindo esse processo. Só há uma regra: antes de todas as perguntas e todas as respostas, vocês dois precisam ficar em silêncio por vinte segundos. É claro que vocês estão livres para passar esses vinte segundos mordendo a língua, ansiosos para chegar a hora de falar, mas pra quê? Em vez disso, use o tempo para processar a pergunta que o outro fez e a resposta que ele deu. Faça o esforço consciente de "se ater à pergunta" ou "se ater à ideia". Observe no que você está pensando. Passados os vinte segundos, faça sua próxima pergunta ou dê sua próxima resposta, mas com calma. Depois de uns dez minutos vocês podem inverter os papéis, e é claro que vale a pena conversar sobre a experiência assim que terminarem: quais benefícios, se é que teve algum, você notou ao desacelerar a conversa?

Aqui vão algumas perguntas para começar:

- O que você faria de diferente amanhã se o dinheiro não fosse problema?
- Como você sabe que possui uma coisa?
- O que você não deveria ter permissão para reclamar a respeito?
- Quem você não deveria levar a sério?
- Por que as pessoas sempre querem estar com a razão?

Certa vez dei uma palestra em um grande banco holandês sobre três lições que podem ser aprendidas com Sócrates. Todos os participantes eram líderes empresariais, acostumados a tomar decisões rápidas, fazendo malabarismos com contatos e prioridades o dia inteiro: uma sala cheia de mentes apuradas que nunca paravam de correr. Eu disse a eles uma coisa ou duas sobre como desenvolver uma atitude socrática e queria que eles experienciassem alguns dos princípios envolvidos. Passei o exercício a eles – fazer uma pergunta quente e dar uma pausa de vinte segundos antes da resposta – e, do ponto de vista privilegiado no palco, foi um deleite ver o que aconteceu: os rostos começaram a relaxar, dava para vê-los pensando mais sobre as respostas, e a conexão entre quem perguntava e quem respondia começou a crescer. Era possível sentir a energia na sala mudando.

QUINTA CONDIÇÃO
Tolere a frustração

Uma conversa lenta, que exige atenção e disciplina e envolve perguntas críticas que confrontem a outra pessoa com seus, às vezes deficientes, argumentos e opiniões, invariavelmente vem com uma boa dose de frustração – das duas partes. Às vezes a outra pessoa pode se ofender quando seus pontos de vista (e, consequentemente, aspectos da sua identidade) são questionados. Ela também pode achar difícil conter a impaciência com uma conversa que está se desdobrando em um ritmo mais lento que o normal, e se sentir frustrada com sua falta de emoção enquanto você prioriza o pensamento colaborativo.

Todos esses sentimentos são parte do processo. Treinar o diálogo é como ir à academia: seus músculos pensantes precisam de tempo para se adaptar. No começo, você só percebe as dores e o desconforto. Só depois de um tempo você se sente ficando mais forte. Eu aceitei que meu parceiro de conversa às vezes vai me culpar pelas dores de diálogo dele, assim como às vezes eu fico deitada imóvel no tapete xingando o instrutor da academia. Mas entenda, não é nada pessoal. Acima de tudo, saiba que a frustração é um bom sinal. Isso é *elenchus,* e é um sinal de que esforço real está sendo colocado, de que algo que está mudando, de que o pensamento de alguém está sendo alongado. O instrutor da academia não leva nossos grunhidos e caras feias para o lado pessoal. Por dentro ele está pensando: "Assim que eu gosto. Belo treino!".

De qualquer forma, a frustração é um combustível para a sua exploração. Ela te diz alguma coisa sobre os padrões de pensamento da outra pessoa. A pergunta "O que está te frustrando neste momento?" já trouxe muitas ideias durante oficinas e consultas. Algumas pessoas se irritam ao perceber que seus argumentos não são tão fortes quanto achavam, enquanto outras se frustram com a própria teimosia, e com o fato de não quererem mudar seus pontos de vida. Acima de qualquer coisa, a frustração é um sinal de que a pessoa ficou travada em seu próprio modo de pensar. Sua missão, na condição de colega filósofo prático, é mostrar onde ela está travada e ajudá-la a pensar em como sair dali.

Exercício: tolere a frustração

Tenha uma conversa que junte tudo o que você aprendeu até agora: peça permissão para iniciar uma discussão profunda, ouça de forma pura e atenta à linguagem que está sendo usada, faça perguntas complementares, confronte e alinhe com seu parceiro de conversa, quando necessário, e explore com ele o tópico escolhido. Ao notar que ele está se frustrando, faça uma rápida autochecagem primeiro: mantenha-se calmo e não leve as frustrações para o lado pessoal – honestamente, não é nada pessoal –, mesmo se a reação do outro for colocar a culpa em você. E então você tem uma escolha: quer se manter na sua atitude socrática de "o que exatamente você quer dizer?", ou prefere mudar de abordagem, reconhecendo a frustração do outro e perguntando o que ele acha que está acontecendo? "Não pude deixar de notar que você suspirou agora. O que isso quer dizer?", ou "Você parece irritado. O que está te irritando?"

Com sorte, a Parte Três familiarizou você com as condições socráticas fundamentais para fazer perguntas. Tudo começa com a escuta, pura e simples. Lembre-se de levar a linguagem a sério, peça permissão para questionar a outra pessoa e confira se ela está bem, caso as coisas comecem a ficar um pouquinho tensas. A chave é diminuir o ritmo e aprender a lidar melhor com a sensação de frustração – tanto a do outro quanto a sua – que pode surgir como resultado de uma discussão socrática significativa e exploratória.

PARTE QUATRO

HABILIDADES DE QUESTIONAMENTO: TÉCNICAS, DICAS E ARMADILHAS

"De novo e como sempre,
como se vê acima,
não há perguntas mais urgentes
do que as perguntas ingênuas."
Wislawa Szymborska, "Ocaso do século"[1]

Um livro inteiro sobre fazer perguntas e só *agora* chegamos às dicas práticas? Você deve estar se perguntando "Pra que tanta espera? Qual é a dificuldade de oferecer uma lista organizada de técnicas de questionamento seguras logo de cara?". A resposta é simples: não é assim que funciona. Não há um manual estrito ou um guia do usuário à prova de falhas para fazer as perguntas certas. É claro que existem inúmeras listas e manuais que você pode folhear, mas, se a fundação não estiver no lugar – ou seja, sua atitude socrática e condições básicas –, você pode acabar errando feio. Lá está você com sua lista de perguntas socráticas para iniciantes, apenas para seguir em frente no modo "o que eu acho?" e mal tocar a superfície na sua busca por sabedoria compartilhada. É por isso que as dicas práticas só aparecem na Parte Quatro. Aqui teremos algumas técnicas que sempre funcionam, mas apenas se usadas em conjunto com uma fundação sólida: sua atitude questionadora socrática.

Um guia para fazer perguntas socráticas: altos e baixos

Uma opinião é um ponto final. Se eu chegar com uma declaração do tipo "Acho que Mark é um bom pai", você não terá ideia do que estou usando como base para essa opinião. Mesmo se eu falar as palavras, há chances de que nem eu mesma saiba. Tudo o que sei é que eu acho Mark um bom pai. Mas há um monte de motivos pelos quais eu possa pensar assim, e, a não ser que você me peça para explicar, meu conceito de "um bom pai" é uma incógnita. Mark pode ser protetor ou dar muita liberdade aos filhos. Pode exigir muito das crianças ou não exigir nada. Até você me perguntar, sua compreensão da minha declaração será baseada nas suas ideias sobre o que é um bom pai. E elas podem ser completamente diferentes das minhas.

Para compreender os argumentos escondidos que sustentam um julgamento, você precisa de boas perguntas. A chave para fazer perguntas socráticas é, naturalmente, uma atitude socrática, mas perguntas socráticas nem sempre estão atreladas a um exemplo concreto. Um evento, declaração ou ação real – neste caso, um exemplo do que eu considero ser um bom pai. Embora brincar com conceitos abstratos seja divertido por um tempo, sem um exemplo concreto, uma conversa baseada neles pode, em pouco tempo, se tornar vaga e difícil de acompanhar.

Para manter um diálogo manejável, o filósofo Hans Bolten desenvolveu uma estrutura útil: ele subdivide o questionamento socrático em perguntas "para o alto" e "para baixo". Perguntas para o alto tendem a ser mais abstratas, enquanto as perguntas para baixo são enraizadas nas especificidades da situação concreta.

Dividir o mundo em altos e baixos por um tempo pode ser de grande ajuda quando se trata de perseguir uma linha consistente do questionamento socrático. Primeiro, temos os fatos observáveis – a realidade se desdobrando diante dos nossos olhos, como um filme. Algo acontece e nós registramos a ocorrência com um ou mais dos nossos sentidos. Essa é a zona "de baixo": a vida cotidiana, a realidade concreta. Alguém diz ou faz uma coisa e nós escutamos ou vemos. Com grande frequência, também pensamos a respeito. Até aí tudo bem. No entanto, quando começamos a falar sobre essa realidade e o que pensamos dela, as coisas ficam mais complicadas. Elaboramos uma declaração, fazemos uma afirmação. Esse é um momento importante, porque sem uma afirmação e um argumento haverá pouco a questionar.

Por exemplo, Ana pode dizer "Thea é uma amiga de verdade" ou "Aquele tal de Jeremy é um bom trabalhador". Por trás dessas afirmações simples há um mundo de crenças, pressuposições, valores e até mesmo noções da natureza humana. Elas pertencem à zona "alta" na nossa análise de altos e baixos: são os conceitos abstratos e rótulos que geralmente colamos na realidade do "ser". As noções de "amiga de verdade" ou de "bom trabalhador" são exemplos desses conceitos abstratos. Assim como coisas do tipo honestidade, justiça, amizade, solidariedade, racismo, abertura, coragem e cooperação.

Essa visão de "altos e baixos" nos deixa com uma realidade concreta "embaixo" e conceitos abstratos (normas, valores, crenças, humanidade e visão de mundo) "acima". O diagrama a seguir representa isso detalhadamente:

PENSAR

Conceitos abstratos, crenças, ideias sobre a natureza humana, princípios morais (por exemplo, honestidade, justiça, coragem, ser uma boa mãe ou um bom colega).

Perguntas para cima:
O que X tem a ver com Y?
Por quê?
O que você quer dizer com "X"?

DECLARAÇÃO – afirmação
Eu acho que...
Eu tenho esperança de que...
Eu acredito que...
Eu tenho a expectativa de que...

Perguntas para baixo:
Quando isso aconteceu?
O que exatamente ele disse?
O que você fez em seguida?
O que aconteceu depois?

SER

Realidade concreta. Fatos, ações, eventos, declarações. O que é perceptível, identificável. (Por exemplo: Há sete pessoas na reunião. Estava chovendo. Ele disse "Não seja estúpido". Ela tirou o lenço verde-escuro).[2]

Mantendo essa distinção de altos e baixo com clareza na mente, você pode sempre seguir em duas direções com suas perguntas. Pode perguntar sobre fatos da situação e, na mesma conversa, pode perguntar sobre valores e visões relevantes da natureza humana. Perguntas para baixo são factuais: feitas para extrair informações a respeito da situação em si. O que faz do Jeremy um bom trabalhador? O que na Thea faz Ana considerá-la uma amiga? A resposta para uma pergunta para baixo proverá evidências concretas para sustentar a declaração inicial. A resposta pode ser algo como "Jeremy é um bom trabalhador porque ele conclui suas tarefas no prazo e mantém seus compromissos". Ou "Thea é uma amiga de verdade porque ela realmente escuta o que eu tenho a dizer e às vezes me ajuda buscando as crianças na escola".

Ao fazer uma pergunta para cima, você pode destacar os argumentos e pressuposições por trás da declaração: "Por que alguém que te escuta é uma amiga de verdade?". Uma resposta possível é "Porque isso mostra que ela se interessa sinceramente por outras pessoas". Isso, então, te diria que Ana acredita que é importante que os amigos demonstrem interesse uns nos outros. Pode parecer óbvio, mas outra pessoa pode facilmente ter uma visão diferente do que compõe uma amizade.

O caso da boa mãe

Um tempo atrás, dei a seguinte tarefa para os alunos do meu curso Filosofia na Vida Cotidiana. Primeiro, descrevi um cenário para eles. Uma garota que vive em uma ilha quer visitar seu namorado no continente. Uma tempestade acontece e a balsa é cancelada. O único barqueiro da ilha está disposto a levar a garota para o continente, mas apenas se ela dormir com ele primeiro. A garota vai pedir conselhos para a mãe. A mãe diz que a decisão cabe totalmente à garota.

Então, perguntei aos alunos: "Ela é uma boa mãe?".

Dois dos meus alunos, Ray e Marcel, tiveram duas respostas diferentes. Marcel achava que ela não era uma boa mãe, e Ryan discordava. Inicialmente, nenhum dos dois foi capaz de explicar por que se sentia daquele jeito. Minha conversa com Marcel foi assim:

Marcel: Acho que ela não é uma boa mãe. Sinceramente, acho o que ela fez completamente errado.
Elke: O que exatamente ela fez que você acha errado? [pergunta para baixo]
Marcel: Ela literalmente diz "Você decide". Ela abandonou a filha à própria conta e risco.
Elke: O que a mãe fez para que você diga que ela abandonou a filha por sua conta e risco? [outra pergunta para baixo]
Marcel: Ela não deu nenhum conselho para a filha. Simplesmente disse "Meu bem, a escolha é sua". Ela não tentou proteger a filha do barqueiro!
Elke: Então, ser uma boa mãe está relacionado à proteção? [pergunta para cima]
Marcel: Sim, acho que sim. Uma boa mãe teria protegido a filha de qualquer mal e dado conselhos quando ela pediu.

Ryan ainda não estava convencido e achou que a mãe da história era boa. Minha troca com Ryan foi mais ou menos assim:

Ryan: Não concordo nem um pouco com Marcel. Para mim, ela parece uma boa mãe.

Elke: O que ela fez, exatamente, que a torna uma boa mãe? [pergunta para baixo]

Ryan: Ela não deu conselhos. Essa é a questão! Ela literalmente disse "A escolha é sua".

Elke: O que é bom numa mãe que não dá conselhos para a filha? [pergunta para cima]

Ryan: Quando você não dá conselhos a alguém, essa pessoa pode ter suas próprias ideias, seus próprios pensamentos. Você dá responsabilidade a ela. Foi isso que a mãe fez.

Elke: Então, para você, ser uma boa mãe está relacionado a deixar o filho assumir a responsabilidade sobre suas próprias ações? [pergunta para cima]

Ryan: Exatamente!

Duas conversas simples que demonstram a necessidade de questionar alguém para entender o porquê de estar dizendo o que está dizendo. Antes de responder às perguntas, Ryan e Marcel não sabiam exatamente o que achavam da maternidade. Se eu não tivesse dado um exemplo concreto e feito uma pergunta relativamente abstrata como "O que constitui uma boa mãe?", eles provavelmente teriam concordado em algo muito mais vago.

Categorias amplas e conceitos generalizados como "maternidade", "responsabilidade" e "liberdade" só se tornam significativos quando você os atrela a algo concreto. Nesse caso, a uma história simples sobre uma garota que queria ver o namorado. Na nossa vida cotidiana, julgamos as coisas do dia a dia e raramente analisamos nossos conceitos gerais e definições amplas.

Depois da conversa, Marcel disse: "Meu Deus, agora vejo que ter uma conversa assim com alguém pode ajudar a descobrir que você não sabe no que o outro acredita ou considera importante. E sem isso dá para passar anos preso em uma discordância desnecessária".

Primeiro desce, depois sobe

Para uma boa conversa socrática, você vai querer começar explicando os fatos. O que exatamente aconteceu? Quem estava envolvido e como a situação se desdobrou? Em primeiro lugar, isso se chama encontrar os fatos: fazer perguntas diretas sobre as especificidades. O objetivo é ter uma espécie de vídeo do YouTube sobre o evento na sua mente, no qual nada esteja bloqueado ou pixelado. Você quer uma visão clara do que aconteceu, sem ter que se apoiar na sua imaginação para preencher lacunas na ação. A outra pessoa provavelmente quer levar tudo para o nível abstrato mais rápido do que você, mas tudo bem. Continue mandando suas perguntas factuais até saber exatamente o que aconteceu. Quando tiver isso claro na mente, você pode mudar a direção e começar a fazer as perguntas para cima.

Se você não tem certeza de qual rumo tomar com suas perguntas, é melhor subir em vez de descer. Há um bom motivo para isso: seu respondente vai tender ao pensamento para cima, falando em um nível relativamente abstrato, no geral. Se começar a subir, você poderá facilmente perder o fio da meada e perder o ponto. Se você quer trazer foco e profundidade para a sua conversa, faz sentido continuar trazendo a pessoa de volta para o exemplo da vida real.

Feito isso, relações com a sua vida cotidiana não são tão difíceis de imaginar – por exemplo, tente ouvir com atenção uma entrevista no rádio ou na TV, ou um episódio de podcast. Ouça com cuidado as perguntas sendo feitas e decida se a direção é para cima ou para baixo. Essa é uma pergunta focada nos fatos relativos ao que realmente aconteceu (para baixo)? Ou é focada mais em opiniões, valores, pressuposições ou ideias de como as pessoas são ou deveriam ser (para cima)? Escutar de forma analítica vai fortalecer seu conhecimento sobre estruturas de perguntas e te capacitar a aplicá-la com mais facilidade às suas conversas.

Exercício: tente a técnica "desce depois sobe"

Preste atenção quando uma pessoa fizer uma declaração. Por exemplo, quando ela comenta sobre algo que aconteceu com ela ou fala sobre "o jeito como as coisas são". Tente questioná-la sobre essa declaração. Alguém pode dizer: "Eu estava na reunião de pais e professores esta noite e Patrick – sabe?, o pai da Martha – começou a falar sobre reformar o parquinho da escola por horas. Foi tão arrogante. Quer dizer, a diretora estava sentada bem ali!".

Suas perguntas para baixo podem ser:

- O que exatamente o Patrick disse?
- Quais seriam as reformas no parquinho?
- Quem mais estava na reunião?
- O que os outros disseram?

Perguntas para cima podem incluir:

- O que foi arrogante nos comentários do Patrick?
- É errado ser arrogante?
- Patrick não tem permissão para ser arrogante?

Perguntas que chegam ao ponto crítico

No método socrático você continua fazendo perguntas até chegar ao ponto crítico: o momento em que tudo depende. Imagine: você está no supermercado e percebe que alguém furou a fila do caixa. Isso te deixa irritado. Ao contar para alguém sobre um incidente assim mais tarde, você geralmente mistura um monte de palavras e toda a história é enquadrada pela sua raiva. Se você olhar de perto, há um ponto específico no qual a raiva emerge. Não parecia estar lá durante a experiência. Você consegue quase apontar o momento exato. Foi *ali* que eu fiquei com raiva.

Talvez seja algo que o fura-fila disse, ou o momento em que o carrinho dele bateu no seu. Talvez seja o momento em que ele fingiu não ter visto você e entrou na sua frente. Talvez sua raiva tenha começado quando pensou: "O que ele acha que está fazendo?". Ao buscar o ponto crítico, você chega ao cerne da história. E, ao chegar lá, é possível perguntar os motivos por trás da raiva, tristeza, frustração, percepção, opinião e ponto de vista.

Perguntar até chegar ao ponto crítico significa fazer perguntas para baixo. Você está querendo saber sobre a cena de maneira detalhada, passo a passo: o que exatamente aconteceu, quem estava lá, o que foi dito. Tendo essa imagem formada e uma compreensão clara do que aconteceu, você pode continuar fazendo perguntas para cima: como a pessoa entende aqueles fatos e eventos? Isso vai resultar em uma afirmação essencial: "Aí [no ponto crítico]… eu fiz / pensei / senti… porque…".

Daí para a frente, você pode continuar sua busca fazendo mais perguntas. Por exemplo: "Quando o homem disse 'eu só tenho um item, amigo' e furou a fila, fiquei com raiva porque foi um desaforo presumir que não tem problema furar a fila sem nem esperar por uma resposta".

Essa afirmação essencial traz todo tipo de aspecto que você pode analisar fazendo mais perguntas para cima. O que constitui um desaforo? Por que você deve esperar por uma resposta? O homem tinha motivos para fazer o que fez? E por aí vai... Quando ilumina primeiro o ponto crítico e identifica sua afirmação essencial, você consegue falar sobre o evento específico como ele aconteceu, e deixar sua conversa mais afiada e profunda.

O caso da filha preguiçosa

Durante um treinamento sobre questionamento socrático, Nadia contribuiu com a seguinte afirmação: minha filha é terrivelmente preguiçosa. Arnold recebeu a tarefa de questionar Nadia e chegar ao ponto crítico. Isso significa conseguir um exemplo concreto de Nadia e então obter a imagem mais clara possível do exemplo. Envolveu lançar um monte de perguntas até que ele pudesse ver a cena descrita por Nadia, como um filme, em sua mente.

Nadia: Minha filha Hannah é terrivelmente preguiçosa. Cheguei em casa ontem e a encontrei esparramada no sofá, mexendo no celular, com a TV no volume máximo. Apesar de ela estar cheia de lição de casa para fazer e ter provas na semana que vem.

Arnold: A que horas você chegou em casa?

Nadia: Depois do horário da aula dela, por volta de 16h30.

Arnold: Onde você estava quando a viu esparramada no sofá em frente à TV?
Nadia: Cheguei em casa do trabalho às 16h30 com uma sacola de compras. A porta da sala de estar estava aberta. Olhei para a sala a caminho da cozinha e foi aí que eu vi minha filha.
Arnold: Vocês disseram alguma coisa uma para a outra?
Nadia: Eu disse. Vi que ela estava esparramada lá e disse: "Está confortável?". Ela soltou aquele "Uhum" típico dos adolescentes. E então eu disse: "Você não tem lição para fazer ou alguma prova para estudar?".
Arnold: E depois?
Nadia: Depois ela suspirou, revirou os olhos e eu levei as compras para a cozinha.

Perceba que Arnold repete deliberadamente as palavras de Nadia o máximo possível enquanto analisa o que ela disse até então. Ele não tenta parafrasear ou resumir com suas próprias palavras, e toma o cuidado de não introduzir novas ideias, palavras ou conceitos. Em vez disso, ele se atém o mais perto possível ao que Nadia o contou. É assim que deve ser, e essa técnica vai retornar na Parte Cinco, quando discutiremos em mais detalhes boas perguntas adicionais. Arnold confere se Nadia concorda com seu resumo e então, com o cenário claro e a cena parecendo basicamente a mesma dos dois lados, ele prossegue em sua linha de questionamento em busca do ponto crítico.

Arnold: Em que momento você achou que sua filha era preguiçosa?

Nadia: Logo de cara. Assim que olhei para a sala de estar e a encontrei. Eu já esperava que ela estaria esparramada daquele jeito, e bem como eu disse...
Arnold: Então, em que ponto você pensou o quê exatamente?
Nadia: Quando parei na porta e a vi esparramada no sofá com o celular na mão e a TV ligada, eu pensei: "Lá está ela, preguiçosa de novo!".

A partir desse momento crítico, Arnold pode direcionar suas perguntas para cima. Ele sabe que, na mente de Nadia, "ficar esparramada no sofá com o celular na mão e a TV ligada" é igual a "ser preguiçosa". O que ele ainda não sabe é por que ela acha isso. O objetivo nesse ponto é trabalhar junto para examinar que tipos de julgamentos, pressuposições e ideias sobre a natureza humana estão costurados na forma de pensar da Nadia.

Arnold: O que ficar esparramada no sofá com o celular na mão vendo TV tem a ver com "ser preguiçosa"?
Nadia: Bom, você não está fazendo nada de útil. Não está fazendo nada. Só ocupando espaço.
Arnold: Alguém que não está fazendo nada de útil é, automaticamente, preguiçoso?
Nadia: Bom, não necessariamente. Você pode fazer algo que não é útil sem ser preguiçoso, é claro.
Arnold: Hannah não estava fazendo nada de útil quando você olhou para ela?
Nadia: Não. Bom, eu não sei. Acho que não. Não sei o que ela estava fazendo no celular. Não perguntei.

Arnold: Então como o que ela estava fazendo se relaciona com ser preguiçosa?
Nadia: Agora eu já não sei mais. É como eu vejo as coisas.

Nesse diálogo, dá para ver que Arnold começa com perguntas para baixo, depois muda para cima, e depois volta para baixo. Ele persiste em suas perguntas quando Nadia não dá uma resposta clara, e Nadia vê sua opinião forte começar a desmoronar. É nesse ponto que *elenchus* e *aporia* começam a aparecer. No fim da troca, Nadia perdeu a coragem nas suas convicções. Agora ficou claro como a luz do dia que "ser preguiçosa" é mais um fator na percepção de Nadia do que no comportamento de Hannah. Quando Nadia é demandada a provar sua evidência com exatidão, ela não tem provas muito concretas além do senso vago de "preguiça" de alguma forma sendo o oposto de "utilidade".

Exercício: seguindo adiante após o ponto crítico

Para este exercício, encontre uma pessoa que queira praticar com você e que saiba que será questionada de maneira socrática. Peça a ela para pensar em um evento com o qual sofreu um impacto emocional. Por exemplo, uma situação que envolva irritação, raiva ou julgamento duro. Depois, faça perguntas sobre o evento de todos os ângulos possíveis até ter a cena bem clara na sua cabeça. Você pode anotar ou escrever um resumo – o que funcionar melhor. Então, concentre-se no ponto crítico. "Em que ponto sua raiva estourou?" "Em que ponto você pensou 'Que babaca'?" Tente apontar o momento da forma mais precisa possível, o segundo exato. Então, faça perguntas para cima, como: "O que esse comportamento tem a ver com ser um babaca?" e veja se consegue chegar a uma afirmação clara: "Então [no ponto crítico]... eu fiz / pensei / senti... porque...". Desse momento em diante, você pode fazer perguntas tanto para cima quanto para baixo, com o objetivo de explorar o processo de pensamento da outra pessoa. Quais julgamentos ou suposições estão dando forma ao pensamento dela sem que ela sequer perceba? Brinque, explore e descubra. Acima de tudo, aproveite a aventura.

A estrutura das perguntas para cima e para baixo te dará uma pegada mais firme em todas as suas conversas, especialmente naquelas em que você quer trabalhar com a outra pessoa até chegarem ao cerne de alguma coisa. Tudo o que você descobriu neste livro até agora se une nesse processo. Naturalmente, você precisa da sua atitude questionadora socrática, e é importante ter a permissão da outra pessoa para começar a questioná-la. Lembre-se de que você pode encontrar a irritação que vem com *elenchus* e *aporia*, e que isso indica que há espaço para todo tipo de ideia nova e surpreendente. Não tenha medo de falhar, ou de fazer uma pergunta vaga ou estúpida. Não há nada de errado nisso. Coloque seus patins e pise no gelo: você só vai aprender a fazer boas perguntas socráticas tentando, falhando, caindo de cara no chão de vez em quando e se levantando logo em seguida.

Receita para fazer boas perguntas: Sopa Socrática?

Ingredientes-chave para uma atitude socrática:

- Tenha a curiosidade como base.
- Adicione um punhado de não saber.

- Uma colher de chá de ingenuidade.
- Uma pitada de desejo por uma compreensão mais profunda.
- Uma porção de paciência.
- Mantenha suas opiniões no gelo.
- Deixe sua empatia na prateleira.
- Uma quantia generosa de tempo.
- Mente vazia e olhos bem abertos.

Você desenvolveu sua atitude socrática, sabe como criar as condições para uma boa conversa profunda e aprendeu a manejar perguntas para cima e para baixo. Isso significa que já está pronto para mandar ver? Quase! A cereja do bolo vem no formato de uma série de dicas práticas, diretas e aplicáveis para todas as suas perguntas, independentemente do tipo de conversa que planeja ter. Uma coleção de dicas e truques para fazer boas perguntas. E quanto às perguntas mais fechadas? Elas são permitidas ou não? E aquela que é a pergunta mais intimidadora de todas: por quê? Devemos perguntar ou não? Como se certificar de que alguém compreende de imediato sua pergunta sem se sentir ameaçado ou ofendido? Quais outras dicas de questionamento existem? E elas sempre funcionam?

Certa vez conduzi uma oficina sobre técnicas de entrevista para um grupo de jovens consultores no mercado financeiro. Eles se sentaram em círculo, olhando para mim com expectativa. Perguntei o que já sabiam sobre fazer boas perguntas. "Você precisa fazer perguntas abertas", disse um deles. E o grupo inteiro assentiu, concordando.

É uma opinião que eu geralmente encontro: uma pergunta aberta é uma pergunta boa. Talvez você também compartilhe dessa opinião. Para ser sincera, nunca entendi de onde vem essa convicção; ela não ajuda em nada. Ao marcar perguntas abertas como as únicas que valem a pena serem feitas, acabamos menosprezando as perguntas fechadas.

Quando uma pergunta é aberta ou fechada?

Antes de continuar a leitura, pare por um momento e se questione: você sabe reconhecer quando uma pergunta é aberta ou fechada?

A resposta que geralmente recebo quando faço essa pergunta em um curso ou oficina é mais ou menos assim: "Você só pode responder uma pergunta fechada com sim ou não, mas uma pergunta aberta instiga uma resposta maior". Isso é verdade em parte. Uma pergunta fechada pode até ser feita para receber uma resposta de sim-ou-não, mas quem disse que a conversa é previsível? Conheço pessoas que facilmente começariam a contar a história da vida inteira ao responder uma pergunta fechada, e outras que, ao receberem uma pergunta aberta, não falariam nada além de um simples sim ou não. Quando você define perguntas dessa forma, sua definição depende da resposta e ignora a estrutura da pergunta em si.

Uma classificação baseada na estrutura da pergunta em si é muito mais bem-feita e fácil de usar. Perguntas abertas começam com o que já estamos acostumados a associar com uma pergunta: quem, o quê, onde, qual, quando, como ou pra quê? Uma pergunta fechada sempre começa com um verbo ou com uma conjugação dele.

Mas isso nem chega a cobrir o básico. Vejamos a pergunta "Quem é a rainha da Inglaterra?". É uma pergunta aberta ou fechada? Pela definição que vimos, seria aberta porque começa com "quem". Mesmo que aparentemente só exista uma resposta. Mas isso também não é verdade, porque uma criança poderia facilmente responder que sua mãe é a rainha da Inglaterra. Então, essa é uma pergunta diferente da sua variante fechada "Elizabeth II é a rainha da Inglaterra?". Para a segunda, apenas uma resposta correta é possível.[3]

Dependendo do seu propósito, uma pergunta fechada pode, às vezes, ser sua ferramenta mais efetiva. Se você só quer conferir alguma coisa, faça uma pergunta fechada. Seu parceiro de conversa tende a tagarelar um pouco? Ao fazer perguntas fechadas, você aumenta a probabilidade de que as respostas sejam mais concretas e direto ao ponto. Se a outra pessoa começar uma longa história cheia de emoções, perguntas fechadas podem ajudar a estruturar a narrativa e limpar uma mente nublada. Se alguém está relutante a dar informações, porém, perguntas fechadas provavelmente não ajudarão muito.

Talvez, mais importante ainda, perguntas fechadas possam ser as que mais provocam o pensamento. "Você sempre precisa ser honesto?" "O conhecimento ganho através da experiência pode te tornar um especialista?" "Tudo bem mentir para um amigo?" "Ajudar é sempre a coisa certa a fazer?" Quando se trata de focar a mente e o pensamento em questões que importam, uma pergunta fechada geralmente é uma abertura melhor do que uma pergunta aberta perfeitamente aceitável.

É claro que você ainda precisa ter cuidado para que suas perguntas fechadas continuem sendo apropriadas, e que você não esteja fazendo perguntas enviesadas ou provocando seu respondente na direção de uma resposta em particular. De qualquer forma, use-as! Nas mãos certas, uma pergunta fechada é tão efetiva quanto uma aberta. Limitar suas opções a acreditar que não deve fazer uma pergunta fechada é uma pena, e nem um pouco necessário.

Preste atenção na primeira palavra da sua pergunta

Perceba a primeira palavra da sua pergunta. Se começa com um verbo de negação, são grandes as chances de a sua pergunta ser enviesada, ou de você estar checando uma hipótese, ou até mesmo fazendo uma pergunta retórica: "Não acha que aquela reunião durou uma eternidade?".

Tudo bem começar sua pergunta com um verbo, principalmente se você quiser checar uma informação específica. "Está vendo aquele avião lá no alto?" é uma pergunta aceitável se você está prestes a contar para uma pessoa algo sobre aquele avião em específico e quer garantir que os dois estão olhando para o mesmo objeto. Mas, quando você quer que a outra pessoa ofereça uma resposta própria, a pergunta "O que você vê?" é muito mais adequada.

Se sua pergunta começa com um verbo, especialmente se for negativo, tenha cuidado ao se certificar se ela é mesmo uma pergunta em vez de uma afirmação embrulhada como pergunta. Caso seja a segunda opção, não desperdice uma boa pergunta, e simplesmente diga o que quer dizer. Se sua pergunta começa com uma declaração, com certeza não é uma pergunta genuína, e sim retórica. "Os relatórios deveriam ter sido mandados ontem, não é?" "Lugar de roupa suja é no cesto, não acha?"

Exercício: reconhecendo perguntas abertas e fechadas

Durante os próximos dias, preste atenção nas perguntas que as pessoas fazem. Em conversas rotineiras, na mídia, na TV. Em cada caso, tente determinar para você mesmo se a pergunta é aberta ou fechada. Não ao checar a resposta, mas se atendo à estrutura da pergunta. Quando resolver isso, mude seu foco para as respostas que a pergunta pode evocar. As pessoas respondem de maneiras diferentes se a pergunta é aberta ou fechada?

O mito do "por que"

Muitos guias de técnicas de perguntas aconselham as pessoas a evitarem perguntar "por que". O que é uma pena, já que "por que" é uma das perguntas mais importantes a fazer quando você quer ganhar novas ideias e aprofundar sua compreensão. Dito isso, a pergunta "por que" vem com um manual de instruções de bolso. Às vezes ouvir "por que" faz as pessoas se sentirem atacadas. Afinal, não estamos acostumados a ser questionados sobre assuntos que são óbvios para nós. Ter que explicar o que você acha e por que você acha aquilo pode ser bem desconfortável, e muitas vezes as pessoas se fecham quando deparam com um "por que?".

Geralmente interpretamos um "por que" como uma chamada para a responsabilidade. Você pode facilmente sentir que está sendo demandado a se defender sem motivo. Acho que é porque temos uma tendência a abusar do "por que". Em vez de ficarmos genuinamente curiosos pelos motivos do outro, é comum perguntarmos "por que" quando já tiramos nossas conclusões e decidimos desabafar nossa opinião em forma de pergunta. Em vez de dizer o que está na nossa mente, ou o que está nos irritando, batemos na outra pessoa com uma pergunta. "Estou muito chateado com você por não ter limpado a casa como me disse que faria" vira um "Por que você não limpou a casa?". A outra pessoa sente imediatamente que essa dúvida não é genuína, e sim uma crítica embrulhada como algo que lembra uma pergunta. É bem comum haver um tom punitivo nas nossas perguntas de "por que" – por exemplo, "Por que você está trabalhando até tão tarde?" ou "Por que você ainda come carne?".

Questionamentos como esses, de acordo com a definição de boas perguntas deste livro, são qualquer coisa menos questionamentos! Eles soam como um comentário critico e raramente parecem uma pergunta sincera. Uma boa pergunta surge de uma atitude curiosa e sincera, e assim as tais perguntas no parágrafo anterior não cabem nesses critérios. Um "por que" genuíno é essencial para atingir novas ideias e novas formas de pensar. Quando você quer trazer profundidade a uma conversa, pensar em algo em conjunto e desafiar outra pessoa a olhar para o que está sustentando suas próprias afirmações, perguntar um monte de "por que" é uma ótima ideia.

Somos muito relutantes na hora de perguntar "por que" uns aos outros. Geralmente é por causa do medo. Temos medo de que as pessoas pensem que as estamos desafiando, ou de soarmos combativos. Mas, se não perguntarmos "por que", de onde virão nossas novas ideias? Então, se você estiver no meio de uma conversa e a conexão com a outra pessoa parecer certa, não tenha medo de perguntar "por que" se a pergunta te ocorrer.

Entretanto, tendo em mente aquele reflexo defensivo, é aconselhável ajustar um pouquinho a pergunta. A não ser, é claro, que sua relação com seu parceiro de conversa pareça amigável e segura. Ou se, em uma conversa socrática ou uma consulta filosófica, ambos tenham concordado de antemão não se sentirem ofendidos nem levarem as coisas para o lado pessoal quando as perguntas de "por que" forem inevitavelmente feitas.

Tente reformular suas perguntas do seguinte modo:

- Por que você ainda come carne?
  – Quais são seus motivos para comer carne?
- Por que você acha que votar deveria ser obrigatório?
  – Quais são seus argumentos a favor da obrigatoriedade do voto?
- Por que você disse aquilo?
  – O que te fez dizer aquilo?

Há outra armadilha em que você deve ficar de olho ao perguntar "por que": uma pergunta de "por que" pode te colocar na busca de uma causa única ou uma explicação, quando na maioria dos casos ela não existe. Em outras palavras, essa pergunta convida uma resposta que pode facilmente ser insuficiente, porque a vida real é complexa e as coisas frequentemente têm mais de uma causa ou razão por trás. Por exemplo, "Por que a Segunda Guerra Mundial estourou?". Boa sorte tentando arrumar um único motivo!

Em casos nos quais você está buscando uma causa única, dá para ser mais específico e perguntar "Qual é o motivo de...?", como mostrado em dos nossos exemplos reformulados acima. Entretanto, se você esperar uma resposta mais complexa, é melhor começar sua pergunta com "como". Uma pergunta do tipo "Por que você decidiu parar de comer carne?" tende a pedir uma resposta com uma única explicação. Mas uma decisão dessas provavelmente foi um processo, envolvendo uma combinação de fatores. Nesse caso, "Como você chegou à decisão de parar de comer carne?" seria uma pergunta muito melhor a ser feita.

Exercício: experimente variações do "por que"

Da próxima vez que se pegar querendo perguntar "por que" mas sentir vergonha de fazer isso, pergunte mesmo assim, mas modifique as palavras. "Por que você...", por exemplo, pode se tornar "O que te fez decidir...". Veja o que acontece na sua conversa: a outra pessoa se sente encurralada ou fica na defensiva? Ou ela continua falando e te dá uma explicação mais profunda sobre o seu jeito de pensar?

A frase mágica que sempre convida as pessoas a dizerem mais

Há algum tempo, conduzi minha oficina sobre a arte de fazer perguntas para a equipe de uma associação de habitação. Comecei pedindo que eles compartilhassem o que queriam aprender na oficina. As respostas incluíam: "Como fazer perguntas que encorajem o outro a ir direto ao ponto?", "O que posso perguntar para fazer a outra pessoa pensar?" e "Como posso confrontar um cliente sobre o que ele disse fazendo boas perguntas?".

Uma participante, Leonora, disse: "Tenho três filhos, de onze, nove e sete anos. Vivo perguntando a eles como estão na escola e coisas assim, mas raramente recebo algo além de 'bem', 'legal' ou 'sim, tudo certo'. Como fazer perguntas que os encorajem a dizer mais?".

Assim como ter uma escuta pura e simples e não empurrar sugestões, soluções ou conselhos em suas perguntas, há outra coisa que você pode fazer para que as pessoas menos falantes se abram.

Há uma pequena frase que sempre parece funcionar. Ela te ajuda a se manter no ponto de vista da outra pessoa, sem inserir suas próprias intenções na situação, e é ao mesmo tempo simples e efetiva:

"Me conta...".

O amor da minha vida tem um talento nato para reclamar. Se ele não dorme o bastante, mesmo sendo meia hora a menos que o habitual, nuvens chuvosas se formam sobre sua cabeça. Ele também é uma daquelas almas expressivas que fazem questão de desabafar sobre o que se passa na sua cabeça. Mesmo quando está em um mau humor daqueles – coisa rara, ainda bem! –, o resultado é uma verborreia furiosa. Ele literalmente resmunga em voz alta sobre qualquer coisa. Como tento resolver meus próprios problemas sem perturbar os outros, esse comportamento pode gerar uma irritação considerável em mim. Meu instinto é minimizar as dificuldades dele – "Ah, nem é tão ruim assim. Hoje à noite você compensa o sono perdido" – ou insistir para ele deixar de ser um bebê chorão a respeito das coisas. Como esperado, nenhuma das opções funciona de verdade, e geralmente só dá certo quando jogo lenha na fogueira da infelicidade dele. O resultado? Mais reclamações! Porque agora a falta de sono dele virou algo maior ainda por causa de uma parceira que não deixa ele dar uma resmungada de vez em quando.

O que funciona *de verdade* é a frase "me conta". Agora, sempre que meu parceiro entra no modo ranzinza ("Por que não consigo encontrar nada nessa cozinha minúscula? Nada está no lugar certo. Isso me irrita!") eu mando um simples: "O que aconteceu? Me conta", e, sinceramente, isso faz milagres. Depois de mais uma resposta reclamona, pergunto se há algo que eu possa fazer para ajudar e, em um piscar de olhos, a tempestade passa.

"Me conta" é como uma válvula. É só abrir e todas aquelas emoções engarrafadas, sentimentos contidos e uma ladainha de reclamações saem e desaparecem.

Isso te dá a história completa do que se passa na mente da outra pessoa, e uma espiada no jeito dela de pensar. O que fazer em seguida, é claro, depende de como sua relação funciona e como você *quer* que funcione. Se você sentir que pode ser útil chegar à raiz da questão e quiser cavar mais fundo, pode tentar entrar no modo de questionamento. Se as coisas estiverem mais ou menos bem do jeito como estão, depois do "me conta" você pode simplesmente voltar a viver sua vida.

Exercício: "Me conta..."

Da próxima vez que alguém começar a resmungar quando você estiver por perto, diga um genuinamente interessado "me conta" no meio da conversa. Guarde para si mesmo coisas como conselhos, perguntas e seu desejo de ajudar, e faça do "Ei, me conta! O que aconteceu?" seu gambito de abertura. Perceba como a outra pessoa responde ao seu convite. Como isso afeta sua interação com ela?

Perguntas-armadilha e categorias

Sem saber, caímos em pelo menos umas cem perguntas-armadilha todos os dias. Elas são, geralmente, muito simples de serem identificadas – aquelas que você pode facilmente evitar no futuro, assim que seus olhos se abrem. E então há algumas nas quais você pode continuar caindo sem nem perceber. Conhecer as armadilhas e as diferentes categorias de perguntas, e aprender a reconhecê-las quando surgirem em suas conversas cotidianas, pode te ajudar a ter conversas melhores e mais recompensadoras.

Alguém quer jogar tênis?

Fazer boas perguntas é como uma partida de tênis: um jogador lança uma bola bem mirada sobre a rede e espera que o outro jogador rebata. Quando você acerta a bola, não faz sentido lançar mais três bolas contra o seu oponente. Ou fechar os olhos ao rebater, sem a menor ideia de onde a bola vai cair. E, certamente, não há motivo para sair correndo atrás da bola que você acabou de lançar para tentar ajustar a trajetória dela no meio do caminho. Também não faz sentido ficar ao lado do seu oponente, sussurrando instruções sobre como ele deve devolver a bola. Ou fazer malabarismo com três bolas de tênis enquanto seu oponente te espera jogar. Ou dar uma boa bronca no seu oponente se ele não acertar a bola do jeito que você esperava.

Ainda assim, fazemos exatamente isso com uma frequência alarmante quando perguntamos no nosso dia a dia. Em vez de formular uma pergunta, perguntar e esperar com atenção que o outro responda, fazemos qualquer coisa menos isso. Lançamos mais perguntas ou explicamos nossa questão – transformando tudo em um monólogo ou em um comentário sobre o processo –, ou ficamos tagarelando por tanto tempo que não apenas acrescentamos distrações ao que foi perguntado como tiramos a clareza e o poder da pergunta.

Pra que fazer uma pergunta quando você quer declarar uma coisa?

Primeiro, você deve checar: "Quero perguntar alguma coisa ou fazer uma declaração?". Como você sabe, muitas das nossas perguntas não são perguntas. São mensagens disfarçadas. Uma declaração com um ponto de interrogação no fim. Se você tem algo a dizer, diga; não transforme em uma pergunta. Isso só vai criar interferência e dar trabalho. Diminua o ritmo, tire um momento e, se quiser fazer uma declaração, certifique-se de que é isso que vai sair da sua boca, e não uma pergunta. Conte uma história, apresente sua opinião, comece um debate. Mas não chegue com uma pergunta que não é uma pergunta.

Voltando à metáfora da partida de tênis, fazer uma pergunta quando você quer declarar algo é como jogar uma bola de tênis sobre a rede e depois mandar uma bola de beisebol, uma bola de basquete e uma bola de futebol na velocidade da luz. As coisas ficam confusas. O que estamos jogando, afinal? Quais são as regras? De quem é a vez e como a outra pessoa deve responder?

É comum fazermos perguntas sem saber o que queremos com elas. Começamos a conversar e, antes que percebamos, uma pergunta é lançada. Essa pergunta geralmente não é clara, e pode não ser reconhecida como uma pergunta. Fazemos malabarismo com várias bolas de tênis, lançamos uma vez ou outra, não necessariamente na direção certa, e depois lançamos mais uma só porque… bom, por que não?

Então, pergunte a si mesmo primeiro: qual é o objetivo da minha pergunta? Em que tipo de categoria ela está? Há muitas coisas que podem ser feitas com uma pergunta: checar fatos, dar profundidade à conversa, desafiar. Se você quer estabelecer fatos, sua pergunta provavelmente começa com "quem", "o que", "onde", "como" ou "quando". Se você quer aprofundar e induzir seu parceiro de conversa a devolver um argumento ou motivo, você geralmente pergunta "por que", "qual é o motivo de" ou "como você decidiu que". Se quiser que sua pergunta confronte, você pode apresentar a outra pessoa com as próprias palavras dela. Mais à frente vamos explorar como fazer perguntas que confrontem e façam o outro pensar. Se você não consegue pensar no objetivo da sua pergunta, vale a pena avaliar se deve sequer abrir a boca; se abrir, veja se o que vai sair dela será uma pergunta ou uma declaração.

Categoria 1: Perguntas lixo

Essa é uma categoria adorável, porque é tão óbvio e engraçado quando você começa a reconhecê-las em si mesmo e nos outros. Perguntas lixo são aquelas que implicam que o receptor é um lixo, de maneira tão óbvia que dá para colocar a palavra "lixo" no fim da pergunta. Não são nem de longe perguntas sinceras, apenas comentários embrulhados como perguntas. Geralmente você já sabe a resposta e só está perguntando para causar. A entonação diz muito se sua pergunta contém um "lixo" mudo ou não.

"Já mandou o relatório [lixo]?"

"Atrasado de novo [lixo]?"

"Clicou sem querer no 'responder a todos' naquele e-mail [lixo]?"

Você lançou a bola direto no seu parceiro de tênis, sem dar a ele a chance de rebater. Ah, sim, e você o atingiu na cabeça com a raquete também.

Categoria 2: Perguntas mas

Uma armadilha sutil porém comum é a "pergunta mas". O "mas" pode facilmente se enfiar no começo de uma pergunta. Pode parecer uma palavrinha inocente, mas geralmente mostra o que o perguntador realmente acha sobre alguma coisa. Pode acontecer de forma tão sutil que nem reparamos, mas ela manda uma mensagem clara para a outra pessoa. O efeito fica ainda mais evidente ao ser combinado com uma negativa: "Mas você não acha que a Maya deveria ter respondido de outro jeito?" ou "Mas você não acha que o formato do relatório precisa mudar?".

Mesmo sem a negativa, o "mas" faz uma diferença sutil em uma pergunta: "Mas podemos ir na piscina primeiro?" é uma pergunta diferente de "Podemos ir na piscina primeiro?" – perguntar "Mas você falou com a Maria?" é diferente de perguntar "Por que você falou com a Maria?".

A mensagem por trás da pergunta mas é: eu já tenho uma opinião sobre isso, mas não vou dizer diretamente. Em outras palavras, "Eu quero ir na piscina primeiro" e "Eu acho que você não deveria ter falado com a Maria".

Categoria 3: Perguntas coquetel

Olha, uma bola! E mais uma! Ah, esqueci dessa aqui! E essa é ainda melhor, então vou jogar também! Qual delas você vai rebater? Não, aquela ali! Essa não vai nos levar a lugar nenhum!

Somos tão bons em perguntas coquetel. Começamos uma pergunta, depois inventamos uma versão melhor, então perguntamos também. E às vezes outra e mais outra até juntarmos todas elas. Criamos um coquetel de perguntas que deixa a outra pessoa tonta ao tentar decidir qual responder e em qual ordem.

O resultado é, geralmente, um monte de respostas vagas e meia-boca. Com muita frequência, a outra pessoa vai simplesmente parar de falar, sem saber aonde as palavras dela querem chegar. O que é uma pena, porque, ao fazer várias perguntas de uma vez, é difícil chegar à conversa profunda que você está buscando. Certifique-se de que vai fazer uma pergunta, e só uma. Ao fazê-la, a outra pessoa terá uma ideia mais clara do que está respondendo e – se tudo correr bem – dará uma resposta que cabe ao propósito. O resultado é uma troca bem definida, sem interferências: uma resposta que te dá informações sólidas e base para mais perguntas.

Agora que você já sabe disso, mantenha seus olhos e ouvidos atentos para perguntas coquetel quando observar e escutar conversas e entrevistas. Que efeito esse tipo de pergunta tem na outra pessoa? E na conversa em si?

Categoria 4: Perguntas vagas

Com que frequência você ouve uma pergunta que te faz pensar "Aonde é que ela quer chegar com esse papo?". Uma pergunta vaga que te faz questionar o que a outra pessoa realmente quis dizer.

Meu parceiro tem o hábito de me acordar nas manhãs de domingo e perguntar "Está tarde?". Uma pergunta vaga que me obriga a determinar o que é "tarde". Na primeira vez, respondi "sim". Eram dez da manhã, o que não me parecia especialmente cedo, então decidi categorizar como tarde. Quando ele perguntou que horas eram e eu respondi que eram dez da manhã, ele riu e disse: "Ah, mas isso é cedo!".

Com isso em mente, deixe claro exatamente qual informação você está buscando ao fazer uma pergunta. Faça uma pergunta direta – que não deixe a outra pessoa perdida, tentando entender o que você quis dizer sobre determinada ideia ou conceito.

Então, nada de:

- Aquela torre é alta?
- A lasanha está gostosa?

- Ele é gordo ou magro?

Em vez disso:

- Qual é a altura daquela torre?
- O que você achou da lasanha?
- Qual é o tamanho dele?

Categoria 5: A indesejada pergunta do "ou"

Você quer pasta de amendoim ou geleia? Não há nada de errado em perguntas com duas opções. Quando você está com pouco tempo ou quer tomar uma decisão rápida com alguém, esse tipo de pergunta pode ser bem útil, já que simplifica a escolha com apenas duas alternativas. Elas são especialmente úteis quando a outra pessoa é uma criança para quem você está preparando o almoço, ou quando precisa saber de imediato quais dos dois sanduíches ela quer comer. O problema aparece quando escolhemos perguntas que encorajam as pessoas a limitarem suas respostas a duas opções, quando na verdade há mais:

Você quer me encontrar hoje ou amanhã?

- Depois de amanhã ou na semana que vem podem ser outras opções.

Você é vegetariana ou come carne?

- Novamente, essa não é uma pergunta com dois únicos caminhos. Talvez ela seja vegana ou pescetariana.

Quer ir para a esquerda ou a direita?

- Seguir em frente ou voltar também podem ser opções.

Quando encaramos perguntas assim, rapidamente presumimos que a pessoa que está perguntando já pensou em tudo de antemão e realmente só há duas opções. Mas é só olhar mais de perto para a pergunta e para as opções oferecidas, e raramente isso será verdade.

É uma pergunta meio preguiçosa: você oferece duas opções que decidiu sozinho para alguém, mas é comum que existam mais. Nesse caso, por que não fazer uma pergunta aberta? "O que você quer no seu sanduíche?", "Quando você quer me encontrar?", "Qual direção você acha que devemos tomar?".

Categoria 6: A pergunta meia-boca

Muitas das perguntas que fazemos são inacabadas. É como servir uma torta de maçã meia-boca. É difícil identificá-la como torta de maçã se você não tem certeza do que está provando, ou de como deve reagir. Com perguntas, também é assim: enquanto uma pergunta coesa é clara, completa e vai direto ao ponto, uma pergunta meia-boca não se sustenta sozinha e não instiga uma resposta clara.

Se alguém chega com uma afirmação como "Bram voltou aos velhos hábitos", pode parecer perfeitamente natural perguntar "Como assim?". Isso faz a outra pessoa concluir que você quer saber mais sobre aquela afirmação a respeito do Bram. Mas, como pergunta, "Como assim?" não é completamente formada, já que não fica claro a qual parte da afirmação você está se referindo. Uma parte da pergunta está faltando. Nesse caso, "Como assim 'velhos hábitos'?".

No exemplo com Bram, provavelmente não há muito em risco, mas em uma situação mais complexa as coisas podem ficar perigosas:

> Eu estava na rua com a Anna e passamos por um cara... se você visse ele, ia saber quem é. Ele estava sentado em um banco, ao lado de um carrinho de bebê. Ele olhou para o alto e começou a gritar bem alto. Foi muito esquisito. A gente ficou sem saber como reagir.

Mais uma vez, "Como assim?" pode parecer uma pergunta natural a ser feita. Mas está longe de ser claro se você está se referindo ao homem, a Anna, ao que o homem gritou ou para quem ele estava gritando – muito menos se o carrinho de bebê tinha alguma coisa a ver com a história. Uma pergunta coesa é completa, clara, direta e fácil de responder. Não deixa espaço para dúvidas sobre qual informação está sendo pedida. Por exemplo, você pode perguntar: Quem é Anna mesmo? De qual homem você está falando? O que exatamente ele gritou? Para quem ele estava gritando? Por que você achou isso muito esquisito?

Quando você é mais específico, se aproxima da experiência da outra pessoa. Sua pergunta é focada e dá a informação exata que você procura.

Chegamos ao fim da Parte Quatro, e eu espero que você já esteja familiarizado com o leque amplo de habilidades questionadoras: a teoria por trás de perguntas para cima e para baixo; o que é o ponto crítico e como fazer perguntas complementares para chegar a novas ideias; as perguntas-armadilha comuns e como evitá-las. Na Parte Cinco, que é a última, olharemos ainda mais de perto para a maneira como perguntamos, e vamos aprender a manter uma conversa profunda seguindo em frente.

PARTE CINCO

DAS PERGUNTAS À CONVERSA

"Uma visão ampla expande seu pensamento."

Loesje[1]

Você trabalhou na sua atitude socrática e afiou suas habilidades de escuta. Adotou uma visão ampla e curiosa. Aprendeu a evitar perguntas-armadilha e a aplicar técnicas úteis. O momento chegou: você pega tudo o que aprendeu e começa a fazer boas perguntas. Mas e aí? Como partir de uma única pergunta para um fluxo de conversa profunda?

Jogando dominó

Uma boa conversa com um fluxo natural entre perguntas e respostas é como um bom e velho jogo de dominó. Você joga suas pedras baseando-se no número de pontinhos em cada ponta da fileira: uma pedra com quatro pontos precisa se conectar com outra pedra de quatro pontos, não três, cinco ou seis. Idealmente, perguntas e respostas devem se completar do mesmo jeito. Porém, nem sempre é esse o caso. É comum acabarmos tentando combinar seis pontos com quatro, e um ponto com cinco.

Por exemplo, você faz uma pergunta fechada e alguém responde com um monólogo infinito. Ou você faz uma pergunta aberta muito bem pensada, mas recebe um sim ou não como resposta. Às vezes as pessoas passam conversas inteiras falando em sintonias diferentes. Talvez a outra pessoa não esteja escutando direito a sua pergunta, o que aciona uma associação que pertence só a ela, e ela segue com isso. Então, você fica tão surpreso com a resposta que também começa a associar com o que *ela* está dizendo, e mal percebe que ela não respondeu à sua pergunta. É um padrão que caracteriza muitas conversas – afirmações impostoras, anedotas, opiniões, entre outras – em vez de jogar dominó: comunicando-se com perguntas, respostas e reações que se encaixam genuinamente.

Mas dois monólogos não formam um diálogo. Meu amigo Pippin me contou certa vez sobre uma festa da qual ele participou: "Foi organizada pelo meu sogro, e eu o escutei falando com um grupo de convidados, todos homens da idade dele. Me dei conta de que eles só falavam sobre a vida boa que conseguiram para si mesmos e suas famílias. Pensões, investimentos – a coisa toda. Ninguém perguntava nada. Quando um terminava de falar, o outro começava, contando sua própria história de sucesso".

Ter uma boa conversa não é uma habilidade com a qual nascemos, ou que ganhamos naturalmente. É algo que precisamos desenvolver por meio de treino e prática.

Confira seu dominó: está encaixando?

O jeito mais fácil de conferir suas peças de dominó – de ver se a resposta da outra pessoa responde à sua pergunta – é filtrar o conteúdo por um segundo e conferir a estrutura tanto da pergunta quanto da resposta. Uma pergunta de sim ou não realmente foi respondida com um sim ou não? Quando você dá duas opções para uma pessoa, ela de fato escolhe uma ou outra, ou sai vagamente pela tangente? Se você pergunta: "Que horas são?", a pessoa de fato te diz as horas ou te oferece algo completamente diferente?

Se você identifica alguma coisa além do que perguntou – se os pontos do dominó não combinam –, é hora de intervir e restaurar a clareza da conversa. Simplesmente repetir a pergunta costuma funcionar. É melhor do que bancar o espertinho e apontar para a outra pessoa que ela não respondeu à sua pergunta.

Aqui vai um exemplo que escutei no bonde em Amsterdã um dia desses:

A: Você gosta de sushi? [pergunta de sim ou não]

B: Comi sushi ontem à noite. Foi o maior drama! O restaurante estava lotado, e toda vez que traziam nosso pedido estava faltando alguma coisa. Os garçons estavam apressados, correndo de um lado para o outro e dando patada em todo mundo.

Aqui, uma pergunta fechada é respondida com um papinho sobre as dores e delícias do sushi, e fica claro que os dominós da conversa não combinam.

As coisas podem ficar ainda mais complicadas quando o assunto é mais íntimo e as pessoas envolvidas se sentem mais vulneráveis. Quando há mais coisas em risco, as pessoas costumam fugir de perguntas difíceis e se tornam relutantes a admitir que às vezes não sabem a resposta. Por exemplo: Tarik e Anne são os pais de Sam.

Sam saiu com Peter à noite. Houve algum consumo de drogas, e as coisas saíram do controle.

Anne: Você acha que deveríamos proibir o Sam de sair com o Peter?
Tarik: Acho que o Peter é um bom rapaz, mas quando eles saíram na noite passada eu fiquei um pouco preocupado. As coisas que aconteceram me deixaram pensando se...

Anne faz uma pergunta de sim ou não, e Tarik responde compartilhando seus pensamentos. O resultado é uma conversa, mas que patina sobre a superfície. Na mistura de palavras do Tarik, sua resposta final permanece incerta.

Se você quer profundidade, clareza e um foco mais afiado, responda à pergunta primeiro e depois compartilhe seus argumentos, preocupações e considerações. Isso facilita que eles sejam examinados e questionados. Começar declarando seu posicionamento pode ser mais desafiador e te deixar mais exposto, mas torna a conversa mais clara:

Anne: Você acha que deveríamos proibir o Sam de sair com o Peter?
Tarik: Sim, acho que devemos.
Anne: Por que você acha isso?
Tarik: Por causa da confusão em que eles se meteram da última vez que saíram juntos. Peter é um bom rapaz, mas algumas das atitudes dele são uma influência ruim para o Sam. Acho que seria uma boa ideia não permitirmos mais por um tempo... três meses talvez? O que você acha?

Na segunda versão da conversa, fica muito mais claro o posicionamento de Tarik, e quais argumentos ele tem para defender tal postura. Há um claro "encaixe de dominó" entre as respostas dele e as perguntas de Anne.

Há algum tempo, fui convidada a participar de uma discussão no *Kramcast*, um podcast sobre teologia, filosofia e política apresentado e produzido por Mark Eikema.[2] Nos demos bem e a conversa fluiu livremente antes, durante e depois da gravação. Por quase duas horas, falamos sobre fazer perguntas, sobre o porquê de evitarmos isso com frequência, por que somos tão ruins nisso e como seríamos se prestássemos um pouco mais de atenção. Mark concordou que seria bom se fizéssemos uns aos outros mais – e, acima de tudo, melhores – perguntas, com o objetivo de aprimorar a qualidade das nossas conversas.

Durante o podcast, relembrei a experiência na hora do almoço que descrevi no começo do livro – a conversa sobre ter filhos na qual as pessoas sem filhos na mesa eram ignoradas. Foi um tópico ao qual retornamos quando a gravação terminou, e eu compartilhei minhas dúvidas e pensamentos sobre começar ou não uma família. Mark disse que é estranho presumirmos que deve existir algum grande motivo para alguém *não* ter filhos, apesar de raramente pararmos para pensar por que algumas pessoas *têm* filhos.

Mark falou sobre seus próprios filhos: disse que ele amava a vida com eles, mas também que isso poderia ser cansativo e desafiador. Ele disse que nunca seria capaz de imaginar o impacto da paternidade antes, e poderia certamente apreciar uma vida sem filhos. Em determinado momento, perguntei a ele: "Se tivesse a oportunidade de escolher de novo, você faria o mesmo?". Uma pergunta íntima, é claro, que levanta certa tensão. Responder com honestidade te coloca em uma posição vulnerável, mas senti que o contato entre nós era aberto o bastante para que eu pudesse ser direta.

Mark começou a falar. "Bom, quando olho para nossa vida hoje e quem nós éramos quando tomamos essa decisão..." e por aí vai.

Minha pergunta era de sim ou não. Se quiser aprofundar uma conversa e focar com clareza o assunto em questão – e, nesse caso, nós dois queríamos –, a primeira resposta deve sempre ser sim ou não, antes de entrar na área da nuance. Mas isso é algo que não estamos acostumados a fazer, especialmente quando as coisas ficam pessoais. E, sejamos sinceros, não dá para ser mais pessoal do que perguntar se alguém se arrepende ou não de ter tido filhos.

Tínhamos acabado de passar duas horas explorando a arte da conversa e de fazer boas perguntas. Então, quando Mark olhou para mim e parou de falar, eu disse: "Você percebeu que aquela era uma pergunta de sim ou não, né?".

"Ah... certo! E aqui estou eu tagarelando. Normalmente evitaria uma resposta dessas mas, não agora, é claro. Certo, deixa eu focar e fazer meu melhor para responder sua pergunta."

Fiquei quieta.

"Sim, se eu tivesse que fazer tudo de novo, faria a mesma escolha. Porque se eu olhar para como está minha vida agora..."

E o que seguiu foi uma história clara e cheia de nuances que deu uma boa base para fazer perguntas e oferecer espaço para novas ideias. Mark nunca havia respondido aquela pergunta para si mesmo, e ao fazer isso – dando tempo a si mesmo para pensar e focar a resposta – descobrimos visões e pensamentos que ele nem sabia que tinha.

Dois é bom

Para ter uma boa conversa, você quer que os dominós combinem. E quer que os jogadores revezem. Você não quer que a outra pessoa jogue todas as suas peças na mesa de uma vez, sufocando o outro jogador. Se tudo estiver certo, você não fala só para escutar sua voz; você fala para ser ouvido por alguém. Para não se prender à sua própria história, você precisa manter contato com a pessoa com quem está conversando. Você faz isso não verbalmente, é claro, por meio de contato visual e linguagem corporal, mas também com o que tem a dizer. As pessoas geralmente opinam com um monólogo cheio de palavras elaboradas, seja consciente ou inconscientemente, em um esforço para impressionar o outro, para mostrar suas credenciais e parecerem espertas. Só que isso não é uma conversa, é uma apresentação cantada e dançada por uma só pessoa. Iniciar um monólogo costuma só ser fascinante e divertido para uma pessoa: aquela que está falando.

Uma das regras de Sócrates para uma conversa é falar de forma breve e concisa. No diálogo com Protágoras conforme descrito no artigo de Hans Bolten, "O diálogo socrático como ferramenta para reflexão em equipe", Sócrates pede que seu parceiro de conversa pare de inserir monólogos incompreensíveis, dizendo que simplesmente não consegue acompanhá-los.

Sócrates: Protágoras, minha memória é terrível, e
quando alguém faz um longo discurso para mim nunca
me lembro sobre o que se está falando. Por exemplo, se eu

fosse surdo, e você fosse conversar comigo, você teria que falar mais alto; então agora, tendo uma memória tão ruim, peço que reduza o tamanho das suas respostas, se quer que eu te acompanhe.

Protágoras: Como assim? Como posso encurtar minhas respostas? Devo deixá-las curtas demais?

Sócrates: Certamente não.

Protágoras: Mas curtas o suficiente?

Sócrates: Sim.[3]

"É uma restrição que irrita Protágoras", Bolten escreve. "Ele está acostumado a falar como bem entende: com uma abundância de palavras feitas para impressionar. Isso, no fim das contas, é o que o destaca dos outros debatedores." Ele continua explicando que Protágoras não tem a menor intenção de obedecer ao pedido de Sócrates. No fim, Sócrates dá uma cartada final e ameaça ir embora:

Sócrates: Protágoras, não quero forçar essa conversa com você se você não quiser, mas, se estiver disposto a argumentar comigo de forma que eu consiga te acompanhar, então vou argumentar contigo [...]. Mas vejo que está indisposto, e, como tenho um compromisso que me impede de ficar aqui e te ouvir por mais tempo (já que preciso estar em outro lugar), vou partir; porém, eu gostaria de ter te ouvido.[4]

Bolten então descreve que a multidão reunida para ouvir os dois homens ficou surpresa, tentando convencer a dupla a continuar a conversa. Protágoras acaba concordando e se dispõe a dizer o que quer dizer de maneira breve, concisa e compreensível, como Sócrates tinha pedido. Bolten escreve:

> Só então Sócrates pode examinar a questão que forma a essência da conversa entre os dois homens: aprendizado, sabedoria, coragem, justiça e piedade são palavras diferentes para a mesma coisa, virtude, ou são cinco coisas essencialmente diferentes?[5]

Dando seguimento por meio das suas perguntas

Uma das perguntas que mais fazem nos cursos e oficinas que conduzo é: "Como dar seguimento com minhas perguntas?". Fazer boas perguntas complementares dá muito mais profundidade às suas conversas. Te leva além da superficialidade do papo-furado. Você consegue conhecer melhor a outra pessoa e dar a ela espaço para que mostre seu lado vulnerável. Mas como dar seguimento? Por onde começar? Quais aspectos da sua conversa pedem perguntas complementares? Quais métodos existem para fazer essas perguntas? Como confrontar alguém com perguntas complementares?

O que é uma pergunta complementar e o que não é

Complementar com suas perguntas tem a ver com se certificar de que você vai explorar uma declaração, um ponto de vista ou uma história com mais profundidade. Não tem a ver com pegar uma visão mais ampla ou adicionar novas narrativas ou conceitos. Em vez disso, é sobre mergulhar mais fundo no que já está na mesa. Você pode dar seguimento perguntando os motivos por trás de um ponto de vista. Você pode pedir exemplos ou explorar outras vertentes de um assunto em particular. Se você sair do assunto e fizer uma pergunta que não é sobre o que está sendo discutido, mas toca em uma área não relacionada, então você não está dando seguimento, mas começando uma nova conversa.

Dar seguimento pode ter o mesmo efeito que perguntar "por que" – pode pressionar uma pessoa a pensar que precisa se defender. De certa forma, é claro, é exatamente isso que você está fazendo. Está pedindo para alguém dar substância a seu ponto de vista ou declaração. A pessoa não vai se safar com um comentário descartável como "Pessoas que recebem benefícios simplesmente não querem trabalhar" se você estiver lá para pedir que ela sustente a declaração com argumentos e provas.

É por isso que muitos de nós não damos seguimento com nossas perguntas: não queremos dificultar a vida para o outro, preferindo manter o clima leve e as relações amigáveis. "Quem sou eu para chamar a atenção de alguém? É minha obrigação investigar os argumentos e motivos dos outros?"

Bom, por que não? Desde quando é uma ideia ruim perguntar a alguém o que ele acha ou o que quis dizer? Desde quando somos obrigados a assentir e sorrir, e não ter interesse genuíno nas evidências que sustentam o ponto de vista e a argumentação do outro? Ao dar seguimento com uma pergunta, você está pedindo que a outra pessoa se responsabilize por suas declarações. Declarações estas que, com sorte (porém nem sempre), têm um fundamento digno de ser explorado. Acredito que tomamos cuidado até demais quando se trata de dar seguimento. Quando não fazemos perguntas o bastante, deixamos nossas conversas caírem em um campo de clichês ou afirmações mal pensadas com quase nenhuma evidência para sustentá-las.

É claro que nosso sucesso em fazer boas perguntas complementares exige que mantenhamos nossa atitude socrática. Se suas perguntas são acompanhadas de um olhar ou tom de voz carregado de julgamento, você vai alcançar o oposto do que está buscando. Você precisa ser genuinamente curioso sobre as ideias por trás do que o outro quer dizer, e suspender sua própria opinião sobre o assunto. Às vezes o simples fato de rebater uma resposta com outra pergunta pode ser o suficiente para encorajar seu parceiro de conversa a refletir: "O que estou dizendo é mesmo verdade? Achei que soubesse do que estava falando, mas talvez não tenha pensado o bastante...".

Dar continuidade = pensamento e escuta analíticos

Para dar continuidade com perguntas genuínas e efetivas, primeiro você precisa escutar com atenção exatamente o que alguém está dizendo. Isso significa não se envolver pessoalmente no tema, não se preocupar com seu ponto de vista, não tentar convencer ou entrar em um debate. Escutar de forma pura e socrática as características superficiais da linguagem que está sendo usada. Guarde sua empatia por um tempo e tente não reconfortar, aconselhar ou consertar. Acima de tudo, seja curioso sobre o que está por trás de uma declaração ou afirmação. Seu foco deve estar em duas perguntas fundamentais: "O que essa pessoa está dizendo literalmente?" e "Qual é o pensamento por trás dessas palavras?".

Seguir com suas perguntas de maneira bem-sucedida exige criar um pouco de distância – distância do seu parceiro de conversa e do tópico debatido. Pergunte a si mesmo que tipo de afirmação a outra pessoa está fazendo, e considere se essa nova afirmação é consistente com o que ela disse um momento antes, ou se ela acabou se contradizendo. Registrar esses aspectos de uma conversa, em vez de se deixar levar pelo conteúdo, facilita muito o ato de fazer boas perguntas.

Pergunte o óbvio

O jeito mais fácil de dar seguimento é perguntando o que parece ser autoexplicativo. É comum preenchermos as lacunas por conta própria durante uma conversa, convencidos de que entendemos o que a outra pessoa quer dizer. No entanto, se você escutar de forma socrática e focar a linguagem que está sendo usada, as perguntas começarão a surgir na sua cabeça rapidamente.

Se alguém diz: "Os professores deveriam parar de reclamar e agradecer por terem um emprego decente", nosso instinto é concordar – "Sim, concordo cem por cento" – ou se posicionar – "Bom, minha tia é professora e ela diz que é uma profissão bem difícil". Raramente pensamos em fazer uma pergunta. Mas, se escutar socraticamente e questionar o que parece óbvio, você pode perguntar: "O que esses professores estão dizendo?" ou "O que te faz dizer que eles têm um emprego decente?".

A outra pessoa pode automaticamente ficar na defensiva e começar a cuspir coisas como "Bom, é só ler as notícias...", mas, se você persistir com suas perguntas, inevitavelmente a outra pessoa será obrigada a olhar para suas próprias crenças implícitas e inconscientes e torná-las explícitas.

Exercício: questionando o que parece autoexplicativo

Chame outra pessoa para fazer este exercício com você. Diga para ela escrever um ponto de vista que tenha como certo. Talvez ela tenha uma opinião firme sobre multas de trânsito, feminismo, política ou religião. Peça para selecionar um dos tópicos e formular seu posicionamento como uma afirmação ou argumento.

> Por exemplo:
>
> Os pais deveriam vacinar seus filhos em nome da saúde da sociedade como um todo. Pais que são contra a vacinação deveriam pensar menos em si mesmos e mais no bem comum.

Depois, faça um esforço consciente para ativar seu próprio freio: não pense se você concorda ou discorda, nem comece a pensar em meios de declarar sua opinião sobre o assunto ou mudar a opinião do outro. Seu único objetivo é investigar os elementos autoexplicativos do argumento. Abrace as supostas perguntas estúpidas, porque essas perguntas lançam dúvidas nas partes aparentemente óbvias de uma declaração. Por exemplo:

- Pais que não vacinam seus filhos só pensam em si mesmos?
- Por que é importante pensar no bem comum?
- De que maneira vacinar as crianças beneficia a saúde da sociedade?
- É errado pensar em si mesmo?
- Quanto devemos pensar em nós mesmos e quanto devemos pensar nos outros?

Dois jeitos de dar seguimento

Falando de maneira geral, você pode ter duas abordagens com suas perguntas complementares: pode focar o pensamento da outra pessoa para explorar as pressuposições, suposições e ideias por trás dele, ou pode trabalhar com ela para examinar uma posição que é completamente oposta à dela.

QUESTIONANDO O PENSAMENTO DO OUTRO	EXAMINANDO O OUTRO PONTO DE VISTA
Como você pode ter certeza? Quais argumentos você tem? Baseados no quê?	É isso que todo mundo acha? O que alguém que discorda de você diria? Dá para ser de outro jeito?

Perguntas direcionadas aos posicionamento da outra pessoa envolvem cavar mais fundo no pensamento dela. No que ela baseia suas afirmações? Quais pressuposições sustentam esse ponto de vista? Como ela estruturou o pensamento em uma construção que faz sentido?

Fazer perguntas sobre o ponto de vista oposto exige certo grau de flexibilidade da pessoa com quem você está conversando. Ela consegue usar a empatia cognitiva para seguir os passos do outro e compreender uma opinião contrária?

Não há uma regra de ouro para quando você escolhe essa abordagem. Mas é útil ter um entendimento claro da posição expressa pela outra pessoa antes de convidá-la a explorar opções alternativas.

Exercício: dando seguimento dos dois lados

Da próxima vez que ouvir alguém fazer uma declaração que você deseja questionar e à qual queira dar seguimento, comece tendo ciência das duas abordagens. Primeiro, interrogue o jeito de pensar da outra pessoa: "Como você sabe disso?" "O que te faz dizer isso?" "Como isso funciona exatamente?".

Assim que estiver sinceramente satisfeito com sua compreensão sobre o pensamento dela (o que não é a mesma coisa que concordar ou discordar!), mude a direção e explore o posicionamento oposto: "É sempre desse jeito?" "Em quais circunstâncias as coisas podem funcionar de forma diferente?" "O que alguém que experienciou X ou Y pensa a respeito disso?".

Eco: o jeito mais simples de dar seguimento

A pergunta-eco pode ser usada a qualquer momento, em qualquer lugar. Especialmente quando você não sabe o que perguntar em seguida, mas ainda quer dar seguimento com suas perguntas sobre o que alguém disse. A pergunta-eco te mantém ouvindo da segunda posição, ou da intenção do "você" (que vimos na Parte Dois), sem fazer sugestões ou introduzir novos conceitos. Isso te impede de preencher lacunas ou fazer suposições. A pergunta-eco é o jeito ideal de se manter focado na outra pessoa enquanto cava um pouquinho mais fundo e explora o que ela tem a dizer. Sua pergunta deve soar clara e simples como o eco de um poço: use exatamente as mesmas palavras que o outro usou. Não use um termo parecido, nem tente parafrasear; repita literalmente.

Quando um colega diz: "Tive uma conversa com Jim esses dias e foi um pesadelo", você pode perguntar: "O que na conversa foi um pesadelo?". Se um amigo reclama sobre o namorado e diz: "O Chris é um otário", você pode perguntar: "O que torna o Chris um otário?". Você literalmente devolve as palavras da outra pessoa para ela, como se as suas palavras fossem um eco do fundo do poço.

Alguns exemplos de perguntas-eco boas e ruins:

A reunião durou uma eternidade.

NÃO PERGUNTE: Por que a reunião demorou tanto? Qual foi o problema?

PERGUNTE: Por que a reunião durou uma eternidade?

A mãe do Hank aprontou, como sempre.

NÃO PERGUNTE: O que ela fez? O que ela aprontou dessa vez?

PERGUNTE: Como assim "aprontou como sempre"?

Acho tão ridículo quem faz isso.

NÃO PERGUNTE: O quê? Qual foi a idiotice que a pessoa fez?

PERGUNTE: O que é ridículo de se fazer? Por que você acha ridículo quem faz isso?

Em cada exemplo, a boa pergunta-eco se aproxima muito do que a outra pessoa disse. Não é reformulada, nem apresenta novos conceitos. Repetir as mesmas palavras de volta significa que a outra pessoa vai se sentir ouvida e poderá continuar com sua linha de pensamento.

Pode soar meio estranho de primeira. Um participante de um dos meus cursos disse; "Mas isso soa tão falso. E daí se eu mudar a frase? Quer dizer, a outra pessoa ainda vai entender, né?". Entretanto, a dupla dele no exercício não se sentiu nem um pouco assim. Ouvir uma pergunta-eco o fez se sentir compreendido, recebendo todas as chances de contar sua história do seu jeito.

É claro, você não pode usar esse truque como resposta para qualquer afirmação durante dez minutos. Não sem parecer um papagaio que todo mundo vai querer estrangular. Mas tente não se preocupar tanto com isso, e sinta-se livre para experimentar as perguntas-eco. É capaz de você se sentir um papagaio antes que seu parceiro de conversa tenha essa mesma percepção.

Dando seguimento a conceitos

Uma declaração ou pergunta geralmente estão centradas em um único conceito: o cerne, a coisa que realmente importa. Um conceito é um tema, uma ideia, a questão em voga. Geralmente ele toma a forma de uma palavra que flutua sobre a declaração ou pergunta, como uma placa de loja invisível. Aprender a reconhecer conceitos te ajuda a fazer perguntas complementares melhores, e a distinguir as questões principais de detalhes pequenos.

Voltando a um exemplo que usei antes, alguém pode dizer: "São os pais que devem decidir se seus filhos serão vacinados. Você não pode impor isso". O conceito central que flutua acima dessa declaração é autonomia. Isso parece ser o que o falante vê como a questão mais importante quando se trata de vacinação. Para ele, é isso que está em jogo.

Alguém pode enfatizar outro aspecto: "Vacinação é algo que precisa ser regulamentado e comandado de maneira central. Imagine se ninguém vacinar seus filhos: em breve estaremos tomados por vários tipos de doenças que, atualmente, estão mais ou menos sob controle". Aqui, o conceito central para essa pessoa é controle.

Temos dois posicionamentos bem diferentes sobre a mesma questão. Olhar para os conceitos por trás revela em termos incertos que os debates podem surgir facilmente: autonomia e controle são opostos. Aprender como os conceitos funcionam, a identificar um conceito central, te dá clareza real. No seu próprio pensamento, mas também em conversas, e certamente quando você quiser fazer boas perguntas complementares.

Em resposta às declarações acima, você pode perguntar:

- A autonomia parental é primordial?
- É ruim abrir mão de parte da autonomia?
- Quais seriam as consequências se déssemos aos pais autonomia total sobre a vacinação?

  Ou:
- Onde termina o controle e começa a autonomia?
- Até que ponto se deve controlar o que pais fazem ou deixam de fazer?

Imagine que um amigo te disse: "Combinei com minha irmã Janet que, daqui em diante, vamos revezar para ligarmos pra nossa mãe. Mamãe fica sozinha por muito tempo, e Janet ainda mora perto dela, enquanto eu moro mais longe. Sendo bem sincero, acho que Janet poderia fazer mais pela mamãe. É tão mais fácil para ela".

Pense em qual conceito seu amigo está realmente expressando aqui. Aonde ele quer chegar? Se você conseguir entender o conceito central, terá uma imagem muito mais clara do que perguntar. Se você simplesmente começar a fazer perguntas aleatórias, provavelmente falará sobre aspectos que refletem seus próprios interesses. Isso aumenta sua chance de perder a linha de raciocínio do outro, embora o ponto central seja permanecer o mais perto possível.

Exercício: identificando conceitos

Dê uma olhada nas declarações a seguir e tente identificar os conceitos centrais e expressá-los em uma só palavra:

1. Estátuas de figuras públicas como Cecil Rhodes deveriam ser deixadas em paz. Elas são parte da história da nossa nação. Não é uma coisa que você possa desprezar.
2. Me tornar vegetariano foi uma escolha consciente para mim. Acho errado abater animais inocentes para o nosso prazer.
3. Deveria haver máquinas de distribuição para que mulheres pudessem pegar absorventes e lenços umedecidos de graça. É injusto que as mulheres tenham que gastar mais dinheiro do que os homens simplesmente por serem mulheres.
4. Liberdade de expressão era, e é, uma condição importante para que os cidadãos participem livremente do debate público. Sem liberdade de expressão, todo tipo de abuso jamais seria exposto. Sem liberdade de expressão, os cidadãos não têm oportunidade de influenciar o governo.

Exercício: perguntas complementares sobre conceitos

Encontre um jornal ou revista que contenha uma entrevista, um artigo de opinião ou uma seção de cartas. Leia uma declaração ou um parágrafo e tente captar o conceito central. Então, pense em três perguntas que você poderia fazer ao autor dessa declaração. Esse exercício vai ajudar você a reconhecer conceitos em uma conversa, para que possa continuar fazendo boas perguntas e chegar ao ponto.

Confrontando com suas perguntas

A habilidade de confrontar alguém com perguntas bem escolhidas durante uma conversa, uma daquelas perguntas que acertam em cheio e imediatamente fazem a outra pessoa pensar no que ela acabou de dizer, é uma ótima habilidade para dominar, principalmente porque faz seu parceiro de conversa pensar. Mas como fazer isso? Como fazer uma pergunta que compele alguém a refletir sobre o que está dizendo? E talvez até a torne ciente das suas próprias mentiras, pensamentos inconsistentes ou declarações mal pensadas?

A filósofa prática Ariane van Heijningen nos apresenta estas dicas e ideias sobre confrontar com perguntas:

> Geralmente vemos confrontar outras pessoas sobre suas próprias declarações como um risco, e nos preocupamos com a possibilidade de causar uma discussão ou conflito. Na nossa percepção, o confronto está a um passo de distância da discórdia, do conflito e da chateação. Quando se trata de confronto, nos prendemos a algumas suposições:
>
> - Confronto gera conflito – a outra pessoa provavelmente se sentirá magoada pela minha pergunta, não terá vontade de responder e provavelmente responderá na defensiva.
> - Confronto cria tensão – coloca a relação em risco.
> - Só tenho o direito de confrontar alguém se tenho muito conhecimento sobre o assunto em questão e acredito que sei mais a respeito do que o outro.

Mas, assim que você assume sua atitude socrática e faz sua pergunta sem julgar, confrontar alguém com uma pergunta não precisa ser tão difícil assim.

O que é confronto?

Da maneira mais literal, confrontar significa assumir um posicionamento perante a outra pessoa. Na essência, isso é exatamente o que o confronto é, nem mais nem menos. Você devolve o que recebeu. Você espelha o que escutou.

A abordagem socrática define o confronto como nada mais do que devolver a alguém suas próprias declarações, para que a pessoa possa ponderar por conta própria. Não tem a ver com se sentir superior ou menosprezar alguém. Ou insistir que você está certo e o outro está errado, como um soco no estômago. Tem a ver com ouvir com atenção e devolver.

Então, quando o confronto é a melhor opção? Você pode querer confrontar uma pessoa sobre as declarações dela se:

- ela não está sendo clara;
- ela usa muitas palavras, mas não diz muita coisa;
- ela se contradiz;
- ela comete um erro de raciocínio.

Essa abordagem sobre confronto também sugere que você não precisa ser um grande especialista no que a outra pessoa está dizendo. Você sintoniza e escuta usando as técnicas que aprendeu neste livro: a terceira abordagem de escuta – "o que você quer dizer exatamente?". Uma abordagem que é sensitiva às características superficiais, opera no nível da linguagem e responde ao tom de voz do outro, à estrutura do pensamento, aos conceitos que estão sendo apresentados e a qualquer contradição que possa surgir. Quanto menos você sabe, em melhor posição estará para questionar o óbvio, e geralmente é isso que faz a outra pessoa pensar.

Mas fique longe desse tipo de confronto se:

- você só quer vencer um debate;
- a outra pessoa está te irritando e você quer que ela saiba disso;
- você não está no clima, talvez nunca mais veja a pessoa e realmente não se importa se ela fala um monte de bobagens ou não.

Se você continuar mesmo assim e confrontar alguém quando está irritado, ou simplesmente quando quer provar que está certo e ela está errada, seu confronto provavelmente acabará soando como uma crítica. E isso gera exatamente o que você não quer – uma briga ou conflito. Confrontar ao perguntar funciona quando é acompanhado de calma, neutralidade empática e uma dose saudável de escuta atenta.

Como usar uma pergunta para confrontar

Então, como confrontar alguém e manter sua atitude socrática de boa? Em uma conversa a dois? Um jeito de usar uma pergunta para confrontar é simplesmente repetindo a declaração da outra pessoa, ou parte dela. Isso opera com base no mesmo princípio das perguntas-eco que analisamos anteriormente.

Por exemplo:

- Todo mundo que tem dívidas não sabe lidar com dinheiro.
- Todo mundo?

Ou:

- O Ben é tão arrogante!
- Arrogante?

Outra maneira simples de confrontar alguém é adotando a atitude de um ouvinte ingênuo e surpreso, literalmente pedindo uma explicação.

Por exemplo:

- Pessoas que têm dívidas não sabem lidar com dinheiro.
- Elas não sabem lidar com dinheiro? Como assim?

  Ou:
- Com tantas mulheres falando sobre feminismo, daqui a pouco os homens não poderão fazer mais nada!
- Não entendi. De que maneira ver mulheres falando sobre feminismo significa que os homens não podem fazer mais nada?

  Ou:
- Você sabe bem como é esse tipo de gente!
- Não, na verdade não sei. Como é esse tipo de gente?

Em casos nos quais a outra pessoa não respondeu sua pergunta, você pode confrontá-la dizendo exatamente isso e depois repetindo a pergunta para que ela tente de novo. Isso envolve ouvir de perto e, é claro, perceber quando alguém responde ou não sua pergunta, assim como qualquer falha na resposta que ela te der.

VOCÊ: O que é assumir responsabilidade?

O OUTRO: Tem a ver com coragem.

VOCÊ: Isso não responde à minha pergunta. Você mencionou algo que tem a ver com isso. Mas o que *é* assumir a responsabilidade?

Ou:

VOCÊ: O que tem de tão legal nesse emprego?

O OUTRO: Bom, é um emprego que eu queria há muito tempo!

VOCÊ: Isso não responde à minha pergunta. Me diz como você se sentia sobre o emprego antes de conseguir, mas não diz nada sobre o emprego em si. O que tem de tão legal nesse emprego?

Quando alguém manda uma enxurrada de palavras na sua direção para apagar o sentido da sua pergunta, aguente firme. Não deixe a outra pessoa se safar com isso te passando uma rasteira. Continue pedindo uma resposta mais clara e menos ambígua.

Por exemplo:

VOCÊ: Como você está se saindo no trabalho?

O OUTRO: Bom, sabe aquela sensação de quando você quer uma coisa, mas depois não quer mais, como se seu coração estivesse dizendo uma coisa e sua cabeça estivesse dizendo outra, porque você sabe que concordou com certas pessoas quando na verdade você só queria se livrar delas, mas não sabe como e não parece certo?

VOCÊ: O que você está tentando dizer?

Ariane van Heijningen escreve em seu blog sobre confrontar com perguntas:

> Confrontar tem a ver simplesmente com devolver o que você recebe. Só isso. Você só está apontando uma coisa. Marcando os limites do que uma pessoa está dizendo e a ajudando a afiar o próprio pensamento. Não estamos acostumados a confrontar sem julgamento, sem

> um motivo oculto, e sem outro propósito além de simplesmente trabalhar juntos para nos tornarmos um pouquinho mais sábios. Ainda assim, é justamente nossa falta de julgamento ou motivo oculto – por mais desconhecido que seja – o que torna o confronto nada mais nada menos do que devolver o que alguém já trouxe à mesa. É assim, de maneira pura, simples e clara.[6]

Perguntas de confronto podem gerar certa tensão, e não há nada de errado nisso. Afinal, você está convidando, talvez até mesmo compelindo, a outra pessoa a pensar sobre o que ela está dizendo de fato, pedindo que ela esclareça, se embase e assuma a responsabilidade por suas próprias palavras. Mas ninguém nunca se tornou pior como pessoa por ter feito isso.

Mesmo assim, nosso desconforto persiste: "Não é falta de consideração confrontar alguém assim?". Essa é uma pergunta que ouço com frequência. No entanto, no fim do dia eu acho que seria uma falta de consideração muito maior com a outra pessoa e com a conversa que vocês estão tentando – sem falar com você e com o mundo – deixá-la sair por aí acreditando em suas próprias bobagens. Encontrar sabedoria em conjunto tem a ver com separar o que faz sentido do que não faz.

Exercício: confrontando com suas perguntas

Ao longo dos próximos dias, dê uma olhada crítica nas notícias e perceba quando alguém não estiver sendo claro, quando estiver se contradizendo, contando uma história longa sem chegar ao ponto ou tropeçando no próprio pensamento. Em cada caso, pense no tipo de pergunta que você faria para confrontar essa pessoa sobre suas baboseiras, frases vagas, contradições ou erros, encorajando-a a refletir sobre isso.

Quando estiver se sentindo confiante, tente isso em uma conversa a dois. Se funcionar e você se sentir feliz em avançar, tente confrontar alguém durante uma reunião ou discussão em grupo. Mas lembre-se de prestar ainda mais atenção na sua atitude: permaneça aberto, sem julgamentos, e continue observando e ouvindo com admiração.

Dando seguimento: uma pergunta de "e se?" para dar um gás

Se você quer mostrar a uma pessoa o outro lado de uma questão, expandir um pouco o pensamento dela e lhe dar um pouco mais de espaço mental, uma pergunta sincera de "e se?" às vezes pode fazer maravilhas. Pode surgir como uma surpresa e, consequentemente, movimentar o pensamento de alguém, com frequência convidando uma resposta que nem mesmo a pessoa que responde poderá prever.

Saber o que você pensa te permite decidir se você quer pensar

Brenda se inscreveu em um dos meus primeiros cursos de Filosofia na Vida Cotidiana. Havia doze pessoas no grupo e nós nos encontrávamos toda semana para desenvolver nossas habilidades em filosofia prática. Discutíamos, fazíamos exercícios difíceis e treinávamos nossas técnicas socráticas de questionamento.

Certa noite, estávamos estudando julgamentos. Geralmente julgamos situações de maneira direta e intuitiva, sem saber exatamente no que nosso julgamento é baseado, mas uma opinião dita em voz alta é, na verdade, um ponto-final, e os argumentos que apoiam esse julgamento permanecem obscuros. Quando outras pessoas questionam seu julgamento inicial e intuitivo e você fica ciente da base mental que construiu para si mesmo, você pode conscientemente escolher se ater ao seu julgamento ou abandoná-lo. Naquela noite, Brenda fez a segunda escolha.

Mostrei ao grupo uma foto de casamento, digamos, "descolada". A noiva e o noivo decidiram fazer uma pose no mínimo brincalhona. A foto foi tirada nos arbustos e mostra o noivo de costas para a câmera, com as calças do seu terno azul-marinho abaixadas até os joelhos. Apenas parte do véu branco da noiva está visível, mas é óbvio que ela está ajoelhada na frente dele, e há uma sugestão clara de que a cena mostra sexo oral ao ar livre.

A pergunta que fiz ao grupo foi: "Essa fotografia passou dos limites? Em caso afirmativo, por quê? Se não, por que não?". Todos foram convidados a dar suas opiniões e prover seus argumentos. O primeiro veredito de Brenda foi um "sim" retumbante. Ela sentia que a foto havia ido longe demais e a considerou completamente inaceitável, mas não conseguia dizer precisamente o motivo. A resposta dela pareceu ter algo a ver com romance e uma sensação de que esse sentimento não deveria ser mostrado daquele jeito.

Em determinado momento, perguntei a ela: "E se a noiva e o noivo não estivessem com suas roupas de casamento, mas com roupas casuais do dia a dia? A foto teria passado dos limites também?".

Brenda nem sequer hesitou. "Não!", ela exclamou. "Claro que não!", e, assim que se escutou dizendo essas palavras, ela levou a mão à boca, surpresa ao perceber repentinamente um valor escondido, um valor que ela nunca soube que mantinha: no fundo, ela claramente sentia que noiva e noivo devem ser representados como castos.

Brenda ficou chocada ao descobrir aquela crença escondida e bastante tradicional. Ela estava em um relacionamento com outra mulher – casada e com dois filhos – e se via como uma pessoa muito progressista e de mente aberta. Foi pega de surpresa pelo julgamento de valor instintivo ao sentir que ele não refletia a pessoa que ela acreditava ser. Depois, ela explicou que teve uma criação muito conservadora e suspeitava de que a ligação entre noivos e castidade tinha mais a ver com a mentalidade dos pais do que com a dela. Esse exemplo deu a ela uma ideia clara do seu próprio pensamento, e no que ele se baseava, e a partir daí ela pôde decidir que aquele não era o tipo de visão que ela queria manter ou o tipo de pessoa que queria ser.

Quando lhe pedi para olhar a foto de novo, ela riu. Ela ainda não achava a imagem particularmente boa ou de bom gosto, mas dessa vez estava em um estado mental diferente e conseguiu fazer um julgamento informado – um julgamento que fazia muito mais sentido para ela.

Ao se abrir para um questionamento focado, você pode encontrar opiniões, julgamentos, suposições ou valores que nunca soube que tinha. O processo socrático pode, às vezes, ser cheio de confrontos e até mesmo doloroso, mas no final, quando o resultado do seu pensamento estiver aberto, você estará mais bem preparado para rever sua resposta e perceber se ela faz justiça a quem você é ou a quem você quer ser. Isso te dá espaço para explorar uma questão e a chance de decidir do zero; de remodelar sua identidade e fazer escolhas claras e pensadas. É uma abordagem que te permite abandonar padrões de pensamento antigos – valores fixos e opiniões ultrapassadas, visões herdadas – e remodelá-los à sua própria imagem. Para que esse processo funcione, você precisa de perguntas boas e profundas.

Exercício: faça uma pergunta de "e se?"

Se você está falando com uma pessoa e suspeita que ela pode estar ficando um pouquinho perdida, necessitando de mais espaço mental, tente fazer uma pergunta de "e se?". Para fazer isso, pode ser útil manter as palavras dela o máximo possível ao formular sua pergunta:

ELA: Fiquei tão nervosa na festa ontem à noite depois que a Ramona apareceu.

VOCÊ: E se a Ramona não tivesse aparecido na festa? Você teria ficado nervosa mesmo assim?

Abra a si mesmo para o questionamento

A arte de fazer perguntas não é algo que se adquire do dia pra noite. Requer tempo, prática e treinamento. A atitude de admiração que você tem em relação aos outros é algo que você também terá que desenvolver ao olhar para si mesmo. Quando você solta afirmações que fazem pouquíssimo sentido? Quando você vomita palavras só para esconder o que está acontecendo de verdade? Quando você se contradiz? Você é capaz de dissecar, analisar e questionar criticamente suas próprias ideias? E você permite que os outros te critiquem? Você tem coragem suficiente para voltar atrás em pontos de vista dados anteriormente, explorar novas perspectivas e talvez até mesmo mudar de ideia completamente?

Você desenvolve uma atitude genuína e aberta de admiração ao se abrir para questionar a si mesmo. Ao ousar duvidar das suas próprias opiniões, crenças e suposições. Quando ousa questionar e duvidar de si, automaticamente você se torna mais afável e aberto em relação aos outros.

Abrir *a si mesmo* para questionamentos é, talvez, a condição mais importante para dominar a arte de fazer perguntas. Como você pode questionar os outros se não está preparado para pensar de maneira aberta e curiosa sobre si? Quando experienciar *elenchus* e *aporia* várias vezes, você será capaz de entender a resposta de outras pessoas ao questionamento socrático.

Acima de tudo, se quer despertar novas ideias em alguém, você precisa dar o seu melhor para incorporar a atitude socrática e seguir o exemplo. Isso significa questionar com frequência a si mesmo e ao que você diz, e convidar os outros a te questionarem. Seja implacável na autocrítica, evite a tentação de pegar leve consigo. E, quando outra pessoa te questionar, leve as perguntas dela para o coração. Não há valor em evitá-las ou sufocar as perguntas com joguinhos de palavra. Subir uma cortina de fumaça feita de palavras ou dançar ao redor da pergunta esconde você nas próprias inseguranças e inconsistências e não o torna mais sábio. Seja corajoso o bastante para duvidar do que pensa e do que sabe com certeza, e abrace o não saber. Tenha uma opinião, posicione-se e depois sustente isso, mas permaneça aberto para mudar de ideia quando ficar claro que é isso que você deve saber. Alimente a chama da sua própria perspectiva ágil, e depois ajude a acender essa mesma chama em outros.

Mas e eu? Quando vai ser a minha hora de falar?

Ao longo deste livro você se preocupou muito com a outra pessoa. Aprendeu a escutar efetivamente e a desenvolver uma atitude socrática questionadora. Você jogou suas próprias intenções pela janela e mergulhou de cabeça no pensamento da outra pessoa. Você sabe como fazer perguntas, como dar seguimento com seu questionamento, como reconhecer os pontos críticos, analisando detalhadamente, movendo para a abstração e percebendo os conceitos-chave.

Talvez tudo isso tenha feito você pensar se ainda tem permissão para falar o que pensa. Quando exatamente é sua hora de falar? Seu ponto de vista também não merece um pouco de atenção? Como fazer a transição entre a visão do outro e o compartilhamento das suas próprias ideias?

Primeiro entenda, depois seja entendido

Todos queremos um pouquinho de compreensão. Mas, se passamos todo o tempo anunciando nosso próprio ponto de vista, o resultado final é que ninguém se sente compreendido. A maioria de nós é perfeitamente capaz de lançar nossas opiniões para os outros, mas poucos entendem de verdade como ser receptivo, como diminuir o ritmo e examinar o que está sendo dito. É por isso que este livro é dedicado quase por inteiro a desenvolver essas habilidades receptivas e analíticas. Estou convencida de que, se as melhorarmos, nossas conversas farão um avanço enorme – assim como o nível e a qualidade do debate público – se as pessoas melhorarem em lidar com discussões dolorosas e embates de opinião, independentemente de quão polarizadas sejam.

A partir do momento em que você realmente entende a outra pessoa e se conecta com o jeito dela de pensar, pode abrir espaço para a sua narrativa e seu ponto de vista. Afinal, você não quer apenas desabafar uma opinião. Você quer que a outra pessoa escute de verdade o que você tem a dizer e assimile suas ideias, certo? Bom, para que isso aconteça, você precisa construir uma ponte primeiro.

Alguns princípios da construção de pontes

Uma ponte é tão forte quanto as fundações colocadas dos dois lados. É por isso que você deve começar investindo tempo, atenção e energia ao ouvir e compreender o que a outra pessoa está pensando. Quando a base da compreensão está firme do outro lado da encosta, você pode começar a construção e convidar a pessoa do outro lado a ouvir e explorar seu lado da história. A ponte – esse convite – pode facilmente assumir a forma de outra pergunta.

Imagine que você está sentado em uma mesa com um amigo ou colega, após questionar e explorar o ponto de vista dele. São grandes as chances de que em algum momento ele pergunte: "O que você acha? Qual é a sua opinião sobre isso?". Caso ele não pergunte, você pode abrir um pequeno espaço para os seus pensamentos na forma de uma proposta: "Tenho algumas ideias sobre isso também. Gostaria de ouvir?" ou "Interessante. Mas eu não diria que concordo com você sobre tudo. Posso dizer o que eu acho?".

Isso não tem a ver simplesmente com pedir permissão para falar. Você está fazendo algo muito mais importante – está abrindo a mente da outra pessoa para que ela seja receptiva. Ela acabou de passar um tempo expressando seus pensamentos e ideias, e passar de alguém que anuncia seu ponto de vista para alguém que absorve o do outro significa trocar de papel. Essa troca repentina é mais rápida e fácil de navegar a partir do momento em que você sabe que outro ponto de vista está a caminho.

Esse é um passo que geralmente pulamos. Ouvimos pacientemente a outra pessoa durante a conversa, às vezes fazemos uma pergunta ou duas, e depois oferecemos uma porção de opiniões, com pouquíssimas chances de que ela se prepare para trocar de papel, deixando mais suave a transição de falante para ouvinte. Ao facilitar essa mudança de uma fase da conversa para outra, você começará a experienciar clareza e fluxo muito melhores: fica mais evidente de quem é a opinião que está sendo examinada, e ainda mais evidente com quais pontos você concorda ou discorda.

Exercício: construindo pontes

Tenha uma conversa na qual você começa examinando a visão de outra pessoa. Dê seguimento com suas perguntas e ouça as respostas com atenção. Talvez em algum ponto a outra pessoa pergunte o que você acha. Até que esse momento chegue, veja se consegue continuar fazendo perguntas e se atendo ao que a outra pessoa diz, praticando oferecer sua opinião apenas quando ela te convida a isso. Se ela não pedir que você compartilhe seu ponto de vista, crie uma ponte com uma frase como:

- Tenho umas ideias sobre isso também. Posso te contar?
- Quer saber o que eu acho disso tudo?
- Te ouvir falando me fez perceber algumas coisas. Posso compartilhar com você?

Assim que a ponte estiver construída, continue olhando e ouvindo com atenção. Quais efeitos isso tem na outra pessoa e na conversa que vem a seguir?

Sim, mas nem sempre funciona desse jeito...

Certa vez, em uma festa, alguém me perguntou sobre o livro que eu estava escrevendo. Expliquei que era sobre como fazer perguntas, como ter conversas mais profundas e como explorar seu próprio pensamento e o do outro.

"Tudo muito lindo e muito legal", disse um homem, "mas nem sempre funciona desse jeito, não é? Tenho um amigo que nunca tem muito a dizer. Faço perguntas a ele, mas ele nunca parece interessado. Então eu não sinto a necessidade de dar seguimento e ir mais fundo. Quer dizer, pra que me dar ao trabalho se ele não está tão envolvido na conversa quanto eu?"

Ele tinha um ponto, é claro. Pra que colocar sua energia em uma conversa se a outra pessoa não tem nenhum interesse verdadeiro nas suas ideias e opiniões?

Para ser sincera, essa é uma pergunta difícil de responder. Para mim, pessoalmente, o que alguém pensa é interessante por si só. Eu gosto de tentar chegar ao cerne da questão e de praticar minhas habilidades de questionamento. Mesmo com pessoas que não falam nada com nada, cujas visões parecem simplíssimas e que podem facilmente me irritar. Tenho interesse em questioná-las e descobrir sua lógica, que geralmente não se parece em nada com a minha. Fazer perguntas a elas amplia minha visão sobre o resto do mundo. Entendendo uma pessoa, posso começar a entender melhor outras pessoas que parecem carregar os mesmos ideais. Às vezes vejo uma pessoa e suas ideias como representante de um grupo maior, cuja forma de pensar ainda estou começando a compreender; um novo tipo de perspectiva que era desconhecido ou até mesmo estranho para mim. É um processo tão fascinante e recompensador que aquela necessidade de ser ouvida costuma se dissipar.

É por isso que nem sempre eu me importo se não há muita energia ou interesse por parte da outra pessoa a respeito do que eu tenho a dizer. Meu prazer vem de mergulhar na maneira como o outro pensa, e, dessa forma, nem sempre é importante para mim declarar meu posicionamento, ou convencer o outro das minhas visões e opiniões. Já tive conversas muito recompensadoras com pessoas que pensam completamente diferente de mim, sem compartilhar minhas opiniões nem por um segundo, e me engajando o tempo inteiro na maneira de pensar delas, assumindo uma postura genuína de interesse e admiração. O processo de comparar e contrastar esses ideais com os meus tende a vir muito depois – quando estou voltando para casa ou estou jantando.

Mas é claro que eu estaria mentindo se dissesse que não sou familiarizada com o que o homem naquela festa já experienciou. Você está empolgado para ter uma boa conversa com uma pessoa, mas está na cara que ela não está interessada, e você acaba fazendo todo o trabalho pesado. Em determinado momento, vale a pena se perguntar: "Quanto a falta de interesse dela é um problema, e quanta energia estou disposto a investir nessa conversa? Preciso que a outra pessoa esteja tão interessada em mim quanto eu estou nela? Sinto que meu interesse nela deve ser recíproco, ou sou capaz de aproveitar o simples fato de fazer uma pergunta?".

Em situações como essa, minha mãe sempre diz: "Escolha suas batalhas". Você não *precisa* conversar com todo mundo. Aquele primo metido que está sempre contando as mesmas histórias nas reuniões de família? Dê um gelo nele caso não esteja no clima. O colega com quem você não tem nada em comum e parece sugar sua energia assim que ele chega? É claro que você não tem a obrigação de ter uma conversa socrática com ele também. Manter os olhos onde você sente que sua energia aumenta ou se dissipa quando você conversa com alguém parece ser um instinto muito saudável para mim. Dito isso, quem sabe quais tesouros escondidos você pode encontrar ao se desprender de todas as suas percepções sobre o outro e tentar, nem que seja por cinco minutos? Não tenha medo de embarcar em uma expedição socrática pela mente de alguém que não está interessado em você, ou cujo pensamento parece muito descolado do seu, ou alguém de quem talvez você nem goste. Entre na conversa sem o fardo das expectativas altas e você pode acabar tendo uma surpresa prazerosa. O que de pior pode acontecer? Você pode acabar descobrindo uma nova ideia ou confirmando o que já sabia.

Vejo o interesse sincero na outra pessoa como um presente. Para ela. E talvez para mim também. Acredito firmemente que o mundo de hoje precisa de conversas melhores, nas quais buscamos sabedoria em conjunto, em vez de convencer a outra pessoa de que estamos certos e ela está errada; conversas que abrem espaço para novas perspectivas e ideias, nas quais queremos compreender o outro antes de sermos compreendidos. Acredito que uma boa conversa começa com uma boa pergunta. E uma boa pergunta começa com uma atitude de curiosidade e admiração, com o desejo genuíno de saber. A atitude incorporada pelo nosso velho amigo Sócrates.

Meu mini-Sócrates está aqui ao meu lado no sofá. Seus tênis estão imundos depois de uma corrida pelo parque, seu manto todo sujo de lama. Olho para ele e pergunto: "Sócrates, você acha que este livro fará algum bem? Acha que vai inspirar as pessoas e ajudá-las a terem conversas melhores? Acha que pode ajudar a deixar o mundo um pouquinho melhor?".

"Sei lá." Sócrates olha para mim e dá de ombros. "Só o tempo dirá… e o caminho será muito longo. Mas isso já é um bom começo."

POSFÁCIO

Um livro é como uma peça de teatro. Nunca acaba de verdade. Eu deveria saber – já escrevi alguns! O texto pode ser editado e impresso no papel, mas o pensamento nunca para, as ideias continuam se desenvolvendo.

As cores e o clima de uma peça podem mudar quanto mais ela é apresentada. Ao final de uma sessão, os detalhes, as nuances e a caracterizações nunca são os mesmos de quando tudo começou. A interação com o público enriquece a performance e permite que ela evolua.

Acredito que livros funcionam do mesmo jeito. Em contato com você – o leitor –, novas ideias, pensamentos e questões ganham forma; novas maneiras de pensar sobre os tópicos abordados nestas páginas. Você pode acompanhar esse processo em *www.socratesopsneakers.nl* e *www.denksmederij.nl*. Lá encontrará artigos, vídeos, exercícios e um calendário de eventos. E, é claro, você é bem-vindo para fazer perguntas e compartilhar suas ideias.

Estou animada para dialogar com você por lá.

AGRADECIMENTOS

Uma ideia só se beneficia quando é questionada e desafiada. Com um livro é a mesma coisa. Há um monte de gente que merece meu agradecimento por suas valorosas contribuições, ideias, perguntas críticas, encorajamento e apoio sincero.

Em primeiro lugar, a todos os que se dispuseram a compartilhar suas histórias comigo, respondendo às minhas perguntas e se juntando a mim nessa busca. Muitas dessas histórias podem ser encontradas neste livro. Obrigada pela abertura e generosidade.

Para Matthijs, meu amor e meu companheiro de aventura, por ler cada palavra e estar ao meu lado em cada passo do caminho. Obrigada por ser a pedra de amolar que sempre me deixa mais afiada e me faz pensar com mais clareza.

Para minha mãe, uma fonte infinita de sabedoria sobre conexão, questionamento e contato.

Para minha irmã Anne: que tesouro ter alguém ao meu lado que me conhece por completo.

Para o meu pai, Wim Wiss, que lê avidamente todas as minhas contribuições, artigos e blogs, escuta todos os podcasts e compartilha tudo em sua página no Facebook – com uma crítica ou correção de ortografia aqui ou ali.

Para meus professores Hans Bolten, Kristof van Rossem, Oscar Brenifier e Karin de Galan: suas ideias, lições e teorias estão costuradas no tecido deste livro. Obrigada por tudo que tive o privilégio de aprender com vocês e pelo que ainda espero aprender.

Para Floor Overmars, da agência literária Sebes & Bisseling: obrigada por aquele primeiro e-mail, por seu entusiasmo e confiança inabalável no valor desta obra.

Para minha equipe de publicação holandesa na Ambo/Anthos: a orientação de vocês deixou este livro muito melhor do que seria se eu o tivesse escrito sozinha. Obrigada.

Também gostaria de agradecer à minha editora inglesa, Penguin Random House UK; minha editora alemã, Kösel-Verlag; e minha editora coreana, Korean DongYang Books Corporation; pela confiança ao publicarem este livro em seus países. Com sua ajuda ao traduzirem o livro, conversas profundas e significativas estarão disponíveis para um público ainda maior.

Para os meus leitores, Iris Posthouwer, Annemiek Laarhoven, Ariane van Heijningen, Sigrid van Iersel, Lars van Kessel, Stella Amesz, Rose Spearman, Nynke Brugman e Ruben Klerkx. Obrigada por suas dicas, conselhos, críticas e palavras de elogio e encorajamento. Sem o feedback de vocês, este livro jamais seria o que é.

A todos que ofereceram apoio em e-mails, no LinkedIn, no Facebook e no Instagram – obrigada. Vocês podem não se dar conta, mas, em momentos de dúvida, esse apoio aqueceu meu coração. Houve horas em que eu sentia que tinha minha própria equipe de líderes de torcida.

Por último, mas não menos importante, muito obrigada a você, querido leitor. Obrigada por tirar um tempo para ler este livro. Por seu comprometimento ao mergulhar na arte de fazer boas perguntas e sua prontidão para pensar com clareza, expressar seus pensamentos, ter conversas melhores e buscar profundidade e conexão maiores. Não posso mudar a natureza das nossas conversas sozinha, só escrevendo um livro. Juntos, porém, uma conversa de cada vez, podemos fazer as coisas acontecerem. Você é parte essencial desse processo. Obrigada por estar aqui.

BIBLIOGRAFIA

Livros

BRANSEN, Jan. *Gevormd of vervormd? Een pleidooi voor ander onderwijs.* Leusden: ISVW Uitgevers, 2019.

BROWN, Brené. *A coragem de ser você mesmo.* Tradução de Guilherme Bernardo. 3. ed. Rio de Janeiro: BestSeller, 2021.

EPICTETUS. *The Discourses and Manual.* Tradução de P. E. Matheson. Oxford: Clarendon Press, 1916. v. 2.

FISCHER, Monique. *Reflect(l)eren in het basisonderwijs.* Naarden: MF Consulting, 2017.

HAIDT, Jonathan. *The Righteous Mind: Why Good People Are Divided by Politics and Religion.* Nova York: Pantheon Books, 2012.

KAMPHUIS, Lammert. *Filosofie voor een weergaloos leven.* Amsterdã: De Bezige Bij, 2018.

MERSCH, Ruben. *Waarom iedereen altijd gelijk heeft.* Amsterdã: De Bezige Bij, 2016.

MERSCH, Ruben. *Van mening verschillen: een handleiding.* Ghent: Borgerhoff & Lamberigts, 2018.

NATIONAL RESEARCH COUNCIL. *Assessing 21st Century Skills: Summary of a Workshop.* Washington, DC: National Academies Press, 2011.

PIGLIUCCI, Massimo. *How to Be a Stoic: Ancient Wisdom for Modern Living.* Londres: Ebury Press, 2017.

PLATÃO. *Diálogos I.* Tradução de Edison Bini. São Paulo: Edipro, 2017.

RILKE, Rainer Maria. *Cartas a um jovem poeta.* Tradução de Erlon José Paschoal. Rio de Janeiro: Antofágica, 2024.

ROSE, Reginald. *Twelve Angry Men.* Nova York: Penguin, 2006.

RUMI. *The Big Red Book: The Great Masterpiece Celebrating Mystical Love and Friendship*. Tradução de Coleman Barks. São Francisco: HarperOne, 2011.

VAN DER GAAG, Harm. *Wie het niet weet mag het zeggen. In de spreekkamer van de filosofische praktijk.* Leusden: ISVW Uitgevers, 2013.

WIJNBERG, Rob. *De nieuwsfabriek: hoe de media ons wereldbeeld vervormen.* Amsterdã: De Bezige Bij, 2013.

WILDE, Oscar. *O retrato de Dorian Gray*. Tradução de Jorio Dauster. São Paulo: Biblioteca Azul, 2013.

Artigos

BLOOM, Paul. Against Empathy. *Boston Review*, 10 set. 2014. Disponível em: https://bostonreview.net/forum/paul-bloom-against-empathy. Acesso em: 7 mar. 2025.

BOLTEN, Hans. Het socratisch gesprek als instrument voor teamreflectie. *Organisatie instrumenten*, mar. 2003. Disponível em:

https://boltentraining.nl/wp-content/uploads/2013/01/spreken-buiten-de-orde.pdf. Acesso em: 7 mar. 2025.

BREEBAART, Leonie. Daan Roovers, de nieuwe Denker des Vaderlands: "Waarom zou mijn mening interessanter zijn dan de jouwe?". *Trouw*, 26 mar. 2019.

DE VISSER, Ellen. Waarom je bij problemen beter geen advies kunt geven. *de Volkskrant*, 13 jul. 2018.

EIKEMA, Mark. Praktische filosofie, het stellen van vragen en de waarde van niet-weten, met Elke Wiss. *Kramcast* (anteriormente chamado *Mark in the Middle)*, 17 jul. 2019.

ELEVELD, Reinoud. Wu Wei, de kunst van het Niet-Doen. 23 jul. 2018.

HUIGSLOOT, Nathalie. Janine Abbring: "Als je wilt weten waarom God niet bestaat, moet je naar het leven van mijn moeder kijken". *de Volkskrant Magazine*, 6 jul. 2018. Disponível em: https://www.volkskrant.nl/mensen/janine-abbring-als-je-wilt-weten-waarom-god-nietbestaat-moet-je-naar-het-leven-vanmijn-. Acesso em: 7 mar. 2025.

LO GALBO, Carolina. Hoe Femke Halsema verbindend werd. *Vrij Nederland*, 25 abr. 2019. Disponível em: https://www.vn.nl/femke-halsemaverbindend-burgemeester/. Acesso em: 7 mar. 2025.

NEIJNENS, Anne. Jan Geurtz: De Spirituele Liefdesrelatie. *De Anne Neijnens Show*, 22 ago. 2018. Disponível em: https://soundcloud.com/anneneijnens/jangeurtz. Acesso em: 7 mar. 2025.

SOCRATES dood: de oerknal voor de filosofie. *Filosofie*, 10 jun. 2016.

TAMIR, Diana I.; MITCHELL, Jason P. Disclosing Information About the Self is Intrinsically Rewarding. *Proceedings of the National Academy of Sciences,* v. 109, n. 21, p. 8038-8043,

2012. Disponível em: https://www.ncbi.nlm.nih.gov/pmc/journals/2/. Acesso em: 7 mar. 2025.

VAN HEIJNINGEN, Ariane. Ik wil confronteren. 25 nov. 2018. Disponível em: blog.denkplaats.nl/2018/11/25/ik-wilconfronteren/. Acesso em: 8 abr. 2025.

VAN HINTUM, Malou. Een beetje emotie kan helpen overtuigen, want met feiten alleen kom je er niet. *Trouw*, 17 mar. 2018. Disponível em: https://www.trouw.nl/religie-filosofie/een-beetje-emotie-kan-helpenovertuigen-want-met-feiten-alleen-kom-je-er-niet~be54f041/. Acesso em: 7 mar. 2025.

WARD, Adrian F. The Neuroscience of Everybody's Favorite Topic: Why do people spend so much time talking about themselves? *Scientific American*, 16 jul. 2013.

WISS, Elke. Een interview met Ariane van Heijningen – inclusief schaterlach. Podcast *De Denksmederij*. Disponível em: https://www.denksmederij.nl/podcast.html. Acesso em: 7 mar. 2025.

Sites

EPICTETUS. *Enchiridion*. Tradução de Elizabeth Carter. Disponível em: classics.mit.edu/Epictetus/epicench.html. Acesso em: 7 mar. 2025.

PLATO. *Theaetetus*. Tradução de Benjamin Jowett. Disponível em: classics.mit.edu/Plato/theatu.html. Acesso em: 7 mar. 2025.

NOTAS

INTRODUÇÃO

1 RILKE, Rainer Maria. *Cartas a um jovem poeta*. Tradução de Erlon José Paschoal. Rio de Janeiro: Antofágica, 2024.

1 RUMI. *The Big Red Book: The Great Masterpiece Celebrating Mystical Love and Friendship*; tradução para o inglês de Coleman Barks. São Francisco: HarperOne, 2011.

2 KAMPHUIS, Lammert. *Filosofie voor een weergaloos leven*. Amsterdã: De Bezige Bij, 2018.

3 PLATÃO. *Mênon: 1*. Tradução de Maura Iglésias. São Paulo: Loyola, 2001.

4 PLATÃO. *Apologia de Sócrates*. Tradução de Edison Bini. São Paulo: Edipro, 2019.

5 GALBO, Carolina Lo. Hoe Femke Halsema verbinded werd (Como Femke Halsema se conectou). *Vrij Nederland*, 25 abr. 2019. Disponível em: https://www.vn.nl/femke-halsemaverbindend-burgemeester/. Acesso em: 7 mar. 2025.

PARTE UM

1 PLATÃO. *Diálogos I*. Tradução de Edison Bini. São Paulo: Edipro, 2017.

2 WILDE, Oscar. *O retrato de Dorian Gray*. Tradução de Jorio Dauster. São Paulo: Biblioteca Azul, 2013.

3 BUIJSSEN, Huub. *Mag ik je geen advies geven? In 6 stappen van probleem naar oplossing met de methode coachende gespreksvoering*. Tilburg: TRED Buijssen Training en Educatie, 2018.

4 VISSER, Ellen de. Waarom je bij problemen beter geen advies kunt geven. *de Volkskrant*, 13 jul. 2018. Disponível em: https://www.volkskrant.nl/degids/waarom-je-bij-problemen-beter-geen-advies-kunt-geven~b80bcac7/. Acesso em: 7 mar. 2025.

5 WARD, Adrian F. The Neuroscience of Everybody's Favorite Topic: Why do people spend so much time talking about themselves? *Scientific American*, 16 jul. 2013.

6 TAMIR, Diana I.; MITCHELL, Jason P. Disclosing Information About the Self is Intrinsically Rewarding. *Proceedings of the National Academy of Sciences*, v. 109, n. 21, p. 8038-8043, 2012. Disponível em: https://www.ncbi.nlm.nih.gov/pmc/journals/2/. Acesso em: 7 mar. 2025.

7 NEIJNENS, Anne. Jan Geurtz: De Spirituele Liefdesrelatie. *De Anne Neijnens Show*, 22 ago. 2018. Disponível em: https://soundcloud.com/anne-neijnens/jangeurtz. Acesso em: 7 mar. 2025.

8 Sigrid van Iersel, em correspondência com Elke Wiss.

9 BROWN, Brené. *Braving the Wilderness: The Quest for True Belonging and the Courage to Stand Alone*. Nova York: Random House, 2017.

10 Disponível em: www.youtube.com/watch?v=ELD2AwFN9Nc&vl=en. Acesso em: 7 mar. 2025.

11 *Dit was het nieuws*, transmitido em 17 de dezembro de 2017.

12 HUIGSLOOT, Nathalie. Janine Abbring: "Als je wilt weten waar God niet bestaat, moet je naar het leven van mijn moeder kijken". *de Volkskrant Magazine*, 6 jul. 2018. Disponível em: https://www.volkskrant.nl/mensen/janine-abbring-als-je-wilt-weten-waarom-god-nietbestaat-moet-je-naar-het-leven-van-mijn-. Acesso em: 7 mar. 2025.

13 WIJNBERG, Rob. *De nieuwsfabriek: hoe de media ons wereldbeeld vervormen*. Amsterdã: De Bezige Bij, 2013.

14 BREEBAART, Leonie. Daan Roovers, de nieuwe Denker des Vaderlands: "Waarom zou mijn mening interessanter zijn dan de jouwe?". *Trouw*, 26 mar. 2019. Disponível em: https://www.trouw.nl/religie-filosofie/daan-roovers-de-nieuwe-denker-des-vaderlands-waarom-zoumijn-mening-interessanter-zijn-dan-de-jouwe~b68c96c45/. Acesso em: 7 mar. 2025.

15 HAIDT, Jonathan. *The Righteous Mind: Why Good People Are Divided by Politics and Religion*. Nova York: Pantheon Books, 2012.

16 MERSCH, Ruben. *Waarom iedereen altijd gelijk heeft*. Amsterdã: De Bezige Bij, 2016.

17 MERSCH, Ruben. *Van mening verschillen: een handleiding*. Ghent: Borgerhoff & Lamberigts, 2018.

18 VAN HINTUM, Malou. Een beetje emotie kan helpen overtuigen, want met feiten alleen kom je er niet. *Trouw*, 17 mar. 2018. Disponível em: https://www.trouw.nl/religie-filosofie/een-beetje-emotie-kan-helpenovertuigen-want-met-feiten-alleen-kom-je-er-niet~be54f041/. Acesso em: 7 mar. 2025.

19 WISS, Elke. Een interview met Ariane van Heijningen – inclusief schaterlach. Podcast *De Denksmederij*. Disponível em: https://www.denksmederij.nl/podcast.html. Acesso em: 7 mar. 2025.

20 NATIONAL RESEARCH COUNCIL. *Assessing 21st Century Skills: Summary of a Workshop*. Washington, DC: National Academies Press, 2011. Disponível em: https://www.nap.edu/catalog/13215/assessing-21st-century-skills-summary-of-a-workshop. Acesso em: 7 mar. 2025.

21 BRANSEN, Jan. *Gevormd of vervormd? Een pleidooi voor ander onderwijs*. Leusden: ISVW Uitgevers, 2019.

PARTE DOIS

1 COLLINS DICTIONARY. *Cooperation*. Disponível em: https://www.collinsdictionary.com/dictionary/english/cooperation. Acesso em: 7 mar. 2025.

2 PLATO. *Theaetetus*. Tradução de Benjamin Jowett. Disponível em: classics.mit.edu/Plato/theatu.html. Acesso em: 7 mar. 2025.

3 COLLINS DICTIONARY. *Wonder*. Disponível em: https://www.collinsdictionary.com/dictionary/english/wonder. Acesso em: 7 mar. 2025.

4 EPICTETUS. *The Discourses and Manual*. Tradução de P. E. Matheson. Oxford: Clarendon Press, 1916. v. 2.

5 PIGLIUCCI, Massimo. *How to Be a Stoic: Ancient Wisdom for Modern Living*. Londres: Ebury Press, 2017.

6 ELEVELD, Reinoud. Wu Wei, de kunst van het Niet-Doen. 23 jul. 2018. Disponível em: https://taotraining.nl/wu-wei-de-kunst-van-het-niet-doen/. Acesso em: 7 mar. 2025.

7 BLOOM, Paul. Against Empathy. *Boston Review*, 10 set. 2014. Disponível em: https://bostonreview.net/forum/paul-bloom-against-empathy. Acesso em: 7 mar. 2025.

8 ROSE, Reginald. *Twelve Angry Men*. New York: Penguin, 2006.

9 COLLINS DICTIONARY. Elenchus. Disponível em: www.collinsdictionary.com/dictionary/english/elenchus. Acesso em: 7 mar. 2025.

10 PLATÃO. *Diálogos I*. Tradução de Edison Bini. São Paulo: Edipro, 2017.

11 Ibid.

12 Ibid.

13 VAN DER GAAG, Harm. *Wie het niet weet mag het zeggen. In de spreekkamer van de filosofische praktijk*. Leusden: ISVW Uitgevers, 2013.

PARTE TRÊS

1 Baseado no *Enchiridion* de Epiteto, XLVI.

2 PLATÃO. *Diálogos I*. Tradução de Edison Bini. São Paulo: Edipro, 2017.

3 Ibid.

4 Ibid.

5 VAN DER GAAG, Harm. *Wie het niet weet mag het zeggen. In de spreekkamer van de filosofische praktijk*. Leusden: ISVW Uitgevers, 2013.

PARTE QUATRO

1 SZYMBORSKA, Wislawa. Ocaso do século. *In*: SZYMBORSKA, Wislawa. *Poemas*. Tradução de Regina Przybycien. São Paulo: Companhia das Letras, 2011.

2 Diagrama elaborado por Hans Bolten durante seminário acadêmico, reproduzido com autorização do autor. Material inédito distribuído como apostila complementar.

3 FISCHER, Monique. *Reflect(l)eren in het basisonderwijs*. Naarden: MF Consulting, 2017. p. 67.

PARTE CINCO

1 Loesje (www.loesje.org/) é uma organização internacional de liberdade de expressão, fundada em Arnhem (Holanda) em 1983. "Loesje" é um nome feminino holandês que representa "um coletivo global de pessoas que querem tornar o mundo um lugar mais positivo e criativo". Para mais informações: https://en.wikipedia.org/wiki/Loesje.

2 EIKEMA, Mark. Praktische filosofie, het stellen van vragen en de waarde van niet-weten, met Elke Wiss. *Kramcast*, 17 jul. 2019. Disponível em: https://open.spotify.com/episode/4grLF8VQD0jiO1ranznM9c. Acesso em: 7 mar. 2025.

3 PLATÃO. *Diálogos I*. Tradução de Edison Bini. São Paulo: Edipro, 2017.

4 Ibid.

5 BOLTEN, Hans. Het socratisch gesprek als instrument voor teamreflectie. *Organisatie instrumenten*, mar. 2003. Disponível em: https://boltentraining.nl/wp-content/uploads/2013/01/spreken-buiten-de-orde.pdf. Acesso em: 7 mar. 2025.

6 VAN HEIJNINGEN, Ariane. Ikovail confronteren, 25 nov. 2018. Disponível em: blog.denkplaats.nl/2018/11/25/ik-wil-confronteren/. Acesso em: 8 abr. 2025.

Leia também

MARIO SERGIO
CORTELLA
Faça
o teu
melhor!
Aprimorar a Competência
Recusar a Mediocridade
Exuberar a Vida
Planeta

LEANDRO KARNAL
PARA PENSAR
E ESCREVER
MELHOR
Planeta
pequenos textos

MARCIO KRAUSS
PENSO, LOGO INSISTO
RESPOSTAS PARA PERGUNTAS QUE EU NEM SABIA QUE TINHA
Planeta

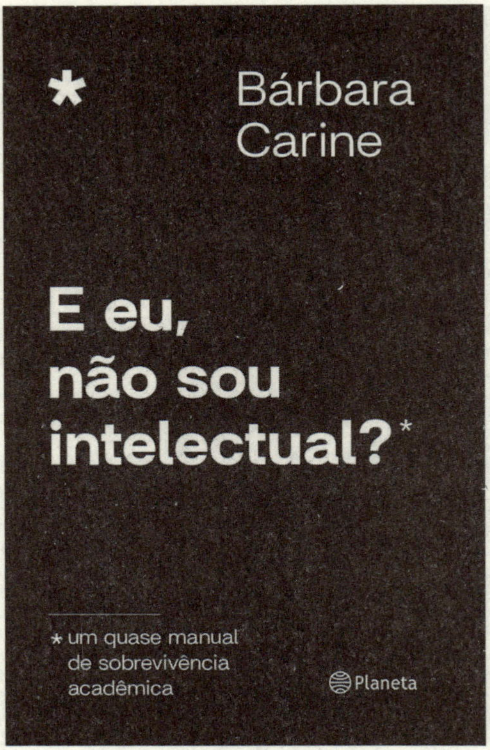
*
Bárbara
Carine
E eu,
não sou
intelectual?*
* um quase manual
de sobrevivência
acadêmica
Planeta

Geni Núñez
FELIZES POR ENQUANTO
Escritos sobre outros mundos possíveis
Planeta

Acreditamos
nos livros

Este livro foi composto em Bembo MT Pro e impresso pela Lis Gráfica para a Editora Planeta do Brasil em agosto de 2025.